ようおまいり

―お四国へんろ道のひとびと―

田尾秀寛著

四国霊場八十八ヶ所遍路の旅（筆者）

目　次

題字　砂原　秀遍
絵　北原　仁巳

弘法大師の語り部を目指して（前文）

私の弟子である田尾秀寛師が「へんろ」本を出版することになりました。高野山大学大学院の修士論文の代替として、お四国を歩き遍路した感想文が基となっています。師のこだわりは、単なる体験記や札所案内に留まらず、遍路道で出会った人々をテーマにしていることとです。同行の方、お宿の方、札所の方、そしてご接待していただいた方などとの交流が中心となっています。ご接待にタオルをくださったおばあさんの一言「よう　おまいり」が、この本の題名です。お四国は地元の方々のご接待の心が支えています。この本で、その一端をお感じ願えれば結構かと思います。

秀寛師が、私の元を訪れたのは、平成11年の春、真言宗総本山である東寺で得度したいとのことでした。早速、4月19日「小子坊」で得度、兄弟子となる土口哲光教化部長の推薦もあって、私の法名から一字をとり「秀寛」という法名といたしました。その頃は、世界一の広告会社である電通関西支社の部長で、営業の第一線で活躍していました。何が師を仏門に導いたのか、深くは詮索しませんでしたが、本書の中の一文を読み改めて納得した次第です。

「弘法大師の語り部」を目指すという師は、平成15年四国八十八ケ所霊場会の公認先達となり、遍路バスに添乗するようになりました。さらに、翌年、36年勤めた電通を早期退職制度で退職、高野山大学大学院修士課程に密教学の通信教育課程が開講されることを知るとそれに挑戦、科目履修生からスタートして、平成19年無事修了することが出来ました。在学中に大学の加行道場「大菩提院」で、若い学生に交じって四度加行をも成満、教相、事相を兼ね合わせて平成20年1月「東寺灌頂院」で傳法灌頂を授かりました。そして、東寺真言宗の大僧都に補任され、本格的に真言僧としての道を歩み始めました。子供の頃からの寺院育ちではない在家からの出家ですが、社会人生活での豊富な経験が、一味も二味も違う「お坊さん」をつくってくれるものと思います。幸い、奈良県田原本町の唐古・鍵遺跡のすぐ北にある「常徳寺」の住職に招かれています。お四国や西国の公認先達として、住職として一層の精進を期待するものです。　合掌

平成20年9月吉日

真言宗総本山教王護国寺（東寺）第二五六世長者　砂原秀遍

はじめに

四国八十八ヶ所は弘仁6年（815）弘法大師42歳のときに開創されたと伝えられ、また、遍路は大師の入定後、高弟真済がその遺跡を遍歴したのがはじまりという。あるいは、衛門三郎が自己の非を悟って、大師に詫びるべく跡を追ったのが遍路のはじまりともいう。いずれにしても大師入定後、大師に対する信仰はまもなく起こり、平安時代の末頃には大師ゆかりの地を巡拝することが行われていたと推測されている。この頃、修行僧の間に四国辺地といわれる海辺の霊場を巡拝することが行われ、鎌倉時代になると真言宗の僧が苦修練行をかねて大師の遺跡を巡歴したことが知られている。

やがて、室町期になると一般庶民も参加するようになり、八十八ヶ所の霊場が固定したのは、室町末期から江戸初期にかけてのことであるとされている。

ところで、私は平成11年4月、京都　東寺にて砂原秀遍師（現長者）を師僧として得度し、秀寛の法名をいただいた。そして5回の巡拝の後「弘法大師の語り部」を目指して四国霊場会公認先達の申請をし、平成15年12月四国八十八ヶ所霊場会の公認先達に補任された。

私のお四国まいりの始まりは昭和57年1月の父親の逝去がきっかけである。一人息子である私は、年2～3回の墓参の担当者となった。田尾家の墓所が香川県詫間町（現・三豊市）にあったところから、墓参に際しては、マイカーでフェリーを利用した。ふと四国遍路を思い立って、平成4年12月からフェリーの上陸地点を高知、松山、甲浦、今治というように変えながら札所を廻って墓参することを始め、5年かけて1周できたことにある。（平成9年12月満願）

本四架橋により関西からのツアーバスが各社競争のように盛んになると、妻と二人バスツアーに参加し、さらにおまいりを重ねることとなった。平成14年3月3日の遍路バスに先達として添乗されていたのが、讃岐、佛光山・弘海寺の名誉住職六車法善師で、妙真講本部の講中代表をされ先達の指導をされていた。私に公認先達になることを勧め、まずは5回廻ってくるようにとおっしゃった。その年に2回巡拝、バッタリ出くわした休憩所で二百回記念の錦の納め札をいただき、「来年には申請にお伺いしますよ。」とお話ししたのもつかの間、師は、癌で急逝されてしまった。申請窓口を無くし、途方にくれた私は、兄弟子にあたる東寺教化部長の土口哲光師にお願いして推薦寺院を探していただいた。（四国八十八ヶ所霊場会公認先達になるには、八十八ヶ所の札所の寺院からの推薦とそこを通じての補任申請が必要と聞いていたからである。）快く引き受けていただいたのが、土口師の高野山大学での僚友である第八十八番結願所大窪寺の槇野孝純山主であった。大窪寺の推薦で晴れて平成15年12月公認先達に補任され、そして、三年目の平成18年に無事、権中先達に昇補した。

バスに添乗して、より良き「弘法大師の語り部」としての先達を目指している時に発表されたのが、高野山大学大学院密教学専攻の通信課程の認可であった。早速、資料を取り寄せ、論文受験したが、見事に不合格。しかし、科目等履修生の道が開かれ、まずは「遍路学」「遍路実習Ⅱ」を選択した。60歳を前にして、はたして歩き遍路が出来るのかと不安になり、平幡良雄著『四国へんろ』の徒歩男子健脚基準の行程表に従って、一番霊山寺から十九番立江寺までを5日間で歩いてみることにした。スタイルは網代笠に作務衣、公認先達の錫杖を突いて、なんとか予定通りに歩け、体力的にも自信が持て、また歩き遍路ならではの「ご接待」など貴重な体験も得られ、「遍路実習Ⅱ」に挑戦した。

「遍路実習Ⅱ」は、平成16年9月17日～22日の6日間、十九番立江寺から二十七番神峯寺までを歩いた。丁度、民主党の菅直人氏の歩き遍路が話題になっていた直後にあたり、菅氏の歩んだ跡をたどっていく結果となった。

平成17年、改めて入試に臨み、今度は合格。修士論文の代替として四国歩き遍路を選択することができることを知り、先達として一度は歩くべきと思い、区切り打ちでの完歩を目指すことになった次第である。「遍路実習Ⅱ」の行程とあわせると、一周に約6週間かかったことになるが、歩き遍路ならではの貴重な体験、特に、四国のご接待文化の素晴らしさを満喫することができた。この経験が、「弘法大師の語り部」としての先達を目指す私に、より一層の厚みを加えてくれたことに感謝する。

遍路を始めるにあたって、札所の縁起などの知識本を別にすると、歩きそのものの為に参考にさせていただいたのは、ひろたみを著『お遍路を満願するための本』であった。

特にありがたかった項目は「各種道具の選び方」の章では、○お遍路に関する道具は「山道具専門店」で手に入れる　○雨具は最良のものを選ぶ　○お金の管理方法は、銀行も郵便局もカードでバッチリ

「地図とお遍路マークの活用法」の章では、○地図を探す、地図を選ぶ、そして地図を見る○あてにできない地図や標識の距離程　○お遍路マークを探すための眼鏡と地図のための拡大鏡を　○札所から出るときには迷いやすいので要注意

「舗装道路との格闘」の章では、○上手に休む人ほど、楽に距離をのばせる　○水分は早め早めの補給を心がけよう

次に向かうエネルギーを補充するための「ご褒美日」などの各節で、大変ためになるアドバイスとご指摘だった。著者に心より感謝。

第一章　道すじ

第一節　第十九番　立江寺〜第二十七番　神峯寺

修士論文代替の歩き遍路に先だって、「遍路学実習Ⅱ」として6日間歩いた。本当に歩けるかを確認するために、平成16年5月14日〜18日まで**第一番霊山寺〜第十九番立江寺**まで歩いていたために実習ではその**立江寺**からスタートすることにした。

平成16年　9月16日（木）

13時00分　大阪梅田より高速バスで徳島駅へ

15時57分　徳島駅より立江駅へ

16時15分　立江寺宿坊着

電話で予約を入れた際、17時までに到着してくださいと念を押された。それは、17時から勤行があり、夕食は18時からとのことだった。先達に率いられた5、6人のグループを含む15名ほどの宿泊者が本堂に集まり勤行。ご本尊の延命地蔵尊は、ふっくらとした風貌の珍しいお姿をされていた。また左右の壁には、両界曼荼羅が裏面から照明をあてる展示方法で飾られていた。素材も合成樹脂製のもので四方から引っ張っているため、何かの拍子に破れかねないので、金網で保護されていた。北大路欣也主演の映画「空海」の撮影のために製作されたものとのことだった。

平成16年　9月17日（金）
06時20分　「立江寺宿坊」出発
08時20分　勝浦町生比奈「前松堂」前休憩所
09時50分　**第二十番　鶴林寺**
11時05分　「三井休憩所」～「若杉道路休憩所」
13時22分　**第二十一番　太龍寺**
15時30分　「龍山荘」着（泊）

鶴林寺、太龍寺の二つの山越えは、予想以上にハード。太龍寺への山道は疲労もあってか、藤井寺から焼山寺への道よりきつく感じた。

昼食の準備を忘れ、食堂らしきものにも遭遇できず、昼食抜きに。

平成16年　9月18日（土）
06時35分　「龍山荘」出発
08時35分　**第二十二番　平等寺**
10時00分　「月夜御水大師の大杉」～「へんろ小屋　鉦打」
12時30分　食堂「味登里」にて昼食（龍山荘のおにぎりと共に）

13時18分　「久望休憩所」
15時00分　**第二十三番　薬王寺**
15時30分　「宿坊　薬師会館」着（泊）
昨夜の同宿の遍路の中には、由岐町泊りの予定者も多かったが、国道55号線を32kmひたすら歩いた。
平成16年　9月19日（日）
05時30分　「宿坊　薬師会館」出発
06時00分　日和佐休憩所
08時15分　コインスナック「おにがいわや」
09時27分　「牟礼町接待所」（牟礼警察署）
10時50分　「大砂海岸休憩所」～「浅川休憩所」
12時15分　国道沿いの「うどんや」にて昼食
14時00分　コンビニ「ユートピア都佐」
14時50分　「鱗天屋旅館」　着（泊）
牟礼町接待所は、もともとは牟礼警察署が始めたもので、今では春秋の各3ヶ月間、月・金を除く9時～16時、地元のボランティアが交代で接待にあたるという。約35kmを9時間20分。

平成16年　9月20日（月）
05時30分　「瓣天屋旅館」出発
07時15分　東洋大師（金剛山　明徳寺）
08時07分　「ゴロゴロ休憩所」～「夫婦岩休憩所」
13時50分　「こすもくん」にて昼食
15時50分　**第二十四番　最御崎寺着（泊）**

13時半頃、喫茶「甘露」にて昼食を取るべく入店するも軽食類は売り切れ。ようやく二十四番にたどり着いたと思ったが、国道から山門までの標高差155mの登りが疲れた足に応えた。夕食後の大師堂での勤行が印象に残った。

平成16年　9月21日（火）
06時50分　最御崎寺出発
08時20分　**第二十五番　津照寺**
10時10分　**第二十六番　金剛頂寺**
12時10分　吉良町旧街道の中華食堂にて昼食
14時00分　コンビニ「YAZAKI SHOP」
15時57分　ミニ遍路駅「奈半利」

17時00分　「二十三士温泉」着（泊）
ミニ遍路駅「奈半利」は、トイレ完備の立派な施設。9月9日には、管直人氏も休憩とか。
「二十三士温泉」では、部屋にコピーが置いてあり、二十三士のいわれが理解できた。

平成16年　9月22日（水）
05時30分　「二十三士温泉」出発
08時45分　**第二十七番　神峯寺**
12時20分　道の駅「大山」
14時15分　安芸駅着
15時24分　安芸駅発
16時08分　御免駅（南風22号）
18時37分　岡山駅（新幹線　ひかり）
19時37分　新大阪
朝食弁当をいただいて出発。朝から雨が降ったり止んだり、一時強い雨脚になったため遍路道を避け、車道を歩き神峯寺へ。駐車場の茶店の壁に管直人氏のサインが。色紙が無かったので、壁に書いてもらったとは、主人の弁。

第二節　第二十八番　大日寺〜第四十三番　明石寺

平成17年10月24日（月）
　10時00分　大阪梅田より土佐電鉄バスにて高知駅へ。
　15時39分　高知駅より土佐くろしお鉄道にて安芸駅へ（16時48分）
駅近くの「ホテルマタイ」（安芸市矢ノ丸）泊

土佐くろしお鉄道は、コンクリート高架の単線で1両のワンマンカーだが、いろいろな工夫に富んだ楽しい鉄道だ。漫画家のやなせたかし氏のキャラクターを各駅に配し、しかもネーミングが凝っている。本来の駅名より、そちらのほうを優先しているようだ。たとえば、「よしかわ駅」は、うなぎのキャラクターで「よしかわうなお君」、「夜須駅」は、人魚がキャラクターで、「やすにんぎょちゃん」。ネーミングだけを列記しても「安芸駅」（あきうたこちゃん）、「立田駅」（たてだそらこちゃん）、「のいち駅」（のいちんどんまん）、「香我美駅」（かがみみかんちゃん）、「西分駅」（にしぶんつきこちゃん）、「和食駅」（わじきカッパ君）、「赤野駅」（あかのカモメちゃん）、「穴内駅」（あなないナスビさん）、「球場前駅」（球場ボール君）という具合だ。しかもホームの待合所もログハウス風のこじんまりとしたスッキリしたものである。

さらに、車内の額面、中吊りといった本来は広告のスペースにはイラストポスターが掛けられ、「海岸線をゴトゴト走る美術館」という意味で「ゴトゴト美術館」と名づけている。その挨拶文には、「ゴトゴト美術館という名前は、高知県東部の海岸線をのんびりゴトゴト走る列車の中で芸術文化とゆっくりふれあえる列車になればという思いから名付けました。日本最後のローカル鉄道、ごめん・なはり線のゴトゴト美術館をどうぞよろしくお願いします。」と書かれてあった。

平成17年10月25日（火）

07時50分　「ホテルマタイ」出発

12時05分　「四阿へんろ小屋」〜「栗山英子さんのへんろ休憩小屋」（安芸市赤野）

14時10分　「喫茶にしき」にて昼食（香我美町岸本・隣に32代横綱玉錦三右衛門の墓）

15時00分　**第二十八番　大日寺**

民宿「きらく」（野市町母代寺）着（泊）――24・5km

いよいよ本番スタート。天気にも恵まれ、1時間歩いて小休止のペースを守りながら、初日は軽めに切り上げた。栗山秀子さんのへんろ休憩所でいただいた自家製蜂蜜ジュースが絶品。たまたま飛び込んだお昼の店の隣に横綱玉錦のお墓があるのにはびっくりさせられた。

平成17年10月26日（水）

06時00分　民宿「きらく」出発
08時00分　**第二十九番　国分寺**～「へんろ小屋5号」（高知市蒲原）
10時25分　**第三十番　善楽寺**～「伊太利亭」（昼食）
13時10分　**第三十一番　竹林寺**
15時20分　**第三十二番　禅師峰寺**
17時20分　「国民宿舎桂浜荘」（高知市浦戸）着（泊）――33・7km

適当な昼食場所に巡り会わなかったとはいえ、まさかイタリアンレストランでスパゲティの昼食になるとは予想外の出来事。

平成17年10月27日（木）
06時30分　「国民宿舎桂浜荘」出発
07時30分　**第三十三番　雪蹊寺**
09時25分　**第三十四番　種間寺**
12時45分　**第三十五番　清滝寺**
14時10分　「時季の里」（土佐市高岡町）（軽食）～「大師の泉へんろ小屋」
16時40分　**第三十六番　青龍寺**
17時30分　「国民宿舎土佐」（土佐市宇佐町）着（泊）――31・2km

「時季の里」(果物屋)でいただいた手作り地図のお陰で、迷うことなく歩くことができた。昼食場所に恵まれず、道端で売っていた焼き鳥3本が昼食となってしまった。種間寺では、納経所で、日付記入をめぐって一問答あったが、交番の札所への矢印に感動。

平成10年10月28日(金)

07時00分　「国民宿舎土佐」出発〜県道47号〜浦の内

12時00分　「喫茶おとずれ」(須崎市押岡)昼食

13時40分　別格霊場第五番　大善寺

15時00分　「民宿あわ」(須崎市安和)着(泊)——29・0km

打戻りをするつもりであったが、宿舎のアドバイスに従って県道47号線を歩いた。横綱朝青龍の母校・明徳義塾のスクールバスが頻繁に走り、自転車通学の生徒は、息も絶え絶えに坂道を登っていた。「喫茶おとずれ」では、大ご接待を受け、別格大善寺でも住職からご接待を受けた。

平成17年10月29日(土)

06時50分　「民宿あわ」出発

07時25分　「焼坂休憩所」〜「ドライブイン七子茶屋」

12時10分　「コスモス」(窪川町神有)昼食

14時10分　**第三十七番　岩本寺**
15時00分「美馬旅館」（窪川町本町）着（泊）――29・5km
焼坂峠、中坂峠、七子峠の三つの峠を越える。岡山ナンバーの車に、おにぎりとミネラルウォーターの接待を受ける。
岩本寺では、バス遍路に添乗してきた先達仲間にばったり出会い、私が歩き遍路中とわかりびっくりされる。門前の薬局でもご接待をいただく。
平成17年10月30日（日）
08時00分「美馬旅館」出発～「拳ノ川休憩所」
12時50分「喫茶散歩道」昼食
15時00分「民宿坂上」（佐賀町佐賀）着（泊）――20・0km
行程上、宿の都合もあって、どちらかといえば休息日。朝もゆっくりスタートし、佐賀町では、散髪屋に飛び込み、頭もすっきり。
平成17年10月31日（月）
07時30分「民宿坂上」出発
10時10分「東寺庵休憩所」
12時00分「澄魅（すみ）」昼食

14時30分　「サンルート中村」（中村市右山）着（泊）――23・0km
「東寺」と名の付いた休憩所に、怪訝な思いがしたが、「東寺庵」（旅館）の接待所と聞いて納得。（東寺庵は、総本山東寺の北にある旅館で宿泊料の安いことから外国人に人気がある）
「サンルート中村」にはコインランドリーの設備がなく、市内のショッピングセンターで洗濯。時間待ちの間に、つい飲みすぎてしまった。

平成17年11月1日（火）
06時00分　「サンルート中村」出発～「四万十大橋へんろ小屋」～「ドライブイン水車」
12時40分　「ｃａｆé　あの店」（土佐清水市以布利）昼食
14時40分　「窪津漁港」～「津呂の善根宿」
17時00分　「あしずり旅館　双葉」（足摺岬）着（泊）――37・0km
足摺岬までの長丁場とあって早立ち。コンビニに立ち寄り、朝食に弁当を購入。「四万十大橋のへんろ小屋」でいただいたが、その「アサリの炊き込みめし」弁当が意外と美味。
「津呂の善根宿」で休憩、その時聞いた話では、お遍路さんを一泊以上泊めないようにとの警察の指導があるという。昨今、歩き遍路を装って、善根宿を根城にして空き巣等を働く輩が増えているので、その対策ということであった。
いずれ遍路宿をやりたいという「ｃａｆé　あの店」の若い店主にエールを送りたい。

平成17年11月2日（水）
06時50分「あしずり旅館　双葉」出発
07時00分　**第三十八番　金剛福寺**
09時15分「津呂の善根宿」
12時30分「ｃａｆé　あの店」昼食
15時50分「安宿」（土佐清水市下ノ加江）着（泊）――23・0㎞

足摺からの打戻りは、昨日と同じところ「ｃａｆéあの店」での休憩となった。それは、道を間違えた結果である。（約1時間のロス）

平成17年11月3日（木）
07時40分「安宿」出発～県道21号
11時45分「三原町役場」
14時30分　**第三十九番　延光寺**
15時10分「民宿へんくつ屋」（宿毛市平田町）着（泊）――27・3㎞

食堂がなく、やむなく菓子パンとバナナで道端で昼食。夜は「民宿へんくつ屋」のじいさまとほのぼのとした会話を満喫した。老夫婦で民宿を営む苦労話。食事は自分が育てた野菜や木の実をあしらい、お風呂も手作りの岩風呂、孫娘が婿をとって民宿を継いでくれるのが望みという。
平成17年11月4日（金）
06時40分「民宿へんくつ屋」出発～国道56号～「レストラン樹里」～「大森公園休憩所」
12時40分「黒潮海閣」（城辺町）昼食
14時10分 **第四十番 観自在寺**
15時00分「山代屋旅館」（御荘町平城）着（泊）――25・8km
ようやく高知県を抜け、愛媛県に入る。国道に愛媛県の標識を見い出した時は、やっと修行の道場を抜けたと胸に迫るものがあった。疲労対策にビタミン剤を購入。
平成17年11月5日（土）
05時50分「山代屋旅館」出発～「菊川神社」～「内海トンネル」～「鳥越隧道」～「嵐山ポケットパーク」
12時00分「田村」（津島町高田）昼食
15時30分 別格霊場第六番 龍光院
15時50分「宇和島ターミナルホテル」（宇和島市天神町）着（泊）――40・6km
なんとか、宇和島までたどり着きたいと、早立ちする。食事も旅館では対応できないというので、コンビニでおにぎりを買う。宇和島にこだわるのは、夕食を「ほづみ亭」で取りたいから。何度か訪れる内にすっかり夫婦してファンとなった宇和島随一の居酒屋で、山海の新鮮な食材が用意されている。

平成17年11月6日（日）

　06時00分「宇和島ターミナルホテル」出発

　08時00分 **第四十一番　龍光寺**～「長命水」朝食

　09時50分 **第四十二番　佛木寺**～「歯長トンネルへんろ小屋」～県道29号

　14時00分 **第四十三番　明石寺**

　15時00分「松屋旅館」（宇和町卯之町）着（泊）――24・4km

　朝食は、龍光寺門前の「長命水」で名物のうどんをいただく。

　龍光寺ご住職が肺がんの手術後で、いつもの元気がないのが気がかり。雨にたたられ、宿に着くなりの雨じまい。何よりも靴の手入れが大事、と新聞紙をしっかりと靴の中に詰め込む。

夕食前に洗濯。

平成17年11月7日（月）

　07時35分「松屋旅館」出発～「鳥坂峠」

　10時55分 札掛大師堂（松下庵）

　12時25分「野乃里（ホテルだいいち内）」昼食

14時30分　別格霊場第八番　十夜ヶ橋大師堂・永徳寺
16時00分　「ときわ旅館」（大洲市中村）着（泊）――20・0km

距離は、短いが鳥坂峠、札掛峠を越える遍路道は、藤井寺から焼山寺への山道を思い出させるところがある。札掛大師堂が無人化して、荒れ始めている姿に、心が痛む。「ときわ旅館」に荷物を預けて「十夜ヶ橋」を往復する。「遍路は橋の上で杖を突かない」というタブーのもととなった札所は、高速道路に押されてさらに小さくなった感じである。

平成17年11月8日（火）
09時21分　大洲駅前より阪神バスにて帰阪

朝食を済ませ、大洲城へ足を延ばす。城の周辺は美しく整備され、「伊予の小京都・水郷大洲」の新しいシンボルとなっている。

第三節　第四十四番　大宝寺～第五十五番　南光坊

平成18年2月23日（木）
12時30分　大阪梅田より阪神バスにて大洲へ
18時35分　「オオズプラザホテル」（大洲市東大洲）着（泊）

1週間の予定を組んで、大洲へ向かう。車中で昼食をと弁当を持ち込むが、最初の急ブレーキで弁当が飛び出し、オシャカになってしまった。「十夜ヶ橋」近くの「オオズプラザホテル」に泊まる。

平成18年2月24日（金）
　06時00分「オオズプラザホテル」出発
　08時10分「道の駅内子フレッシュパークからり」
　09時30分「長岡山トンネルお遍路無料宿」～「曽我五郎十郎首塚登山口」～「薬師堂」（内子町上田渡）
　14時15分「えびすや旅館」（広田村総津）昼食・泊――29・0km

お参りする札所もなく、ひたすら中継点の宿まで歩く行程。道の駅や遍路無人宿で休憩しながらだったが、昼食がとれず、結局、「えびすや旅館」で遅めのお昼をお願いすることになってしまった。

平成18年2月25日（土）
　06時10分「えびすや旅館」出発～県道42号～三嶋神社～下坂場峠
　09時10分「鴇田（ひわた）峠休憩所」
　10時25分　**第四十四番　大宝寺**

12時15分　「民宿和佐路」横の「薬師堂」にて軽食
15時15分　**第四十五番　岩屋寺**
16時10分　「古岩屋荘」（久万町直瀬乙）着（泊）――25・0km

峠を越え4時間以上を費やして、ようやく大宝寺に着く。峠の下で、縁側でひなたぼっこの「おばば」よりご接待をいただく。
「古屋荘」に荷物を預けて、岩屋寺へ。このお寺は、バス遍路では最大の難所である。オプションのタクシーという逃げ道もなく、誰もが参道を30分以上歩くしかない。

平成18年2月26日（日）
07時40分　「古岩屋荘」出発～県道12号～峠御堂トンネル～国道33号
10時20分　「本明神バス停小屋」～「皿ヶ嶺登山口休憩所」
12時00分　「三坂観音堂無料休憩所」昼食ご接待
14時35分　「網掛石・あみかけ大師堂」
15時35分　**第四十六番　浄瑠璃寺**
16時10分　「長珍屋」（松山市浄瑠璃町）着（泊）――29・0km

雨の中、三坂峠を登る。「松山まで乗りませんか」と声を掛けてくれる車にお礼をいいながら、登りきると、「三坂観音堂無料休憩所」。わざわざ飛び出してのお誘いに甘え、お昼までご接待にあずかる。午後には雨も上がり、昨夜泊めてもらったという青年と浄瑠璃寺までへんろ道を下る。

平成18年2月27日（月）

06時50分　「長珍屋」出発
07時05分　**第四十七番　八坂寺**
07時45分　別格霊場第九番　文殊院徳盛寺
08時35分　**第四十八番　西林寺**
10時00分　**第四十九番　浄土寺**
11時00分　**第五十番　繁多寺**
12時15分　**第五十一番　石手寺**
13時25分　「大介うどん」昼食
15時00分　「喫茶みなべ」
16時45分　**第五十二番　大山寺**
18時00分　「小富士旅館」（松山市高浜町）着（泊）——27・2km

衛門三郎ゆかりの文殊院をお参りした時に、別格の納経帖を持参し忘れたことに気がついたが後の祭り。

石手寺で、錦の納め札を持つ髭ぼうぼうの草遍路を紹介される。故郷を捨て、ひたすらお四国を廻り、ご接待と托鉢で生活しているという。お遍路は一泊以上させないでという、足摺の無料宿での警察の指導の話を思い出し、複雑な心境だった。

平成18年2月28日（火）

06時00分　「小富士旅館」出発

07時10分　**第五十三番　円明寺**～国道197号～粟井坂トンネル～「道の駅風早の郷・風和里」～「三穂社」（菊間町）

14時30分　「うどん・たぬき」（太陽石油前）昼食

16時40分　「ホテルニュースガノヤ」（大西町新町）着（泊）――32・6km

海岸沿いの国道は、向かい風が強く、吹き飛ばされそうな感じ。

道の駅で、じゃこ天のご接待を受け、露店のおじさんの昔話を聞きながらの休憩に疲れを忘れる。

平成18年3月1日（水）

07時00分　「ホテルニュースガノヤ」出発

07時40分　**第五十四番　延命寺**

09時30分　**第五十五番　南光坊**

11時30分　「二葉」（今治駅構内）昼食～阪神バスにて大阪へ――8・2km
南光坊の近くに「今治北高校」があり、「祝甲子園出場」の垂れ幕が。この日は丁度、卒業式で、雨の中を晴れ着姿の父兄が、高校へ向かうのが目に付く。今治駅のトイレで濡れた作務衣を着替えて、昼食。

第四節　第五十六番　泰山寺～第一番　霊山寺

平成18年4月27日（木）
13時00分　梅田発　阪神バスにて今治駅へ
18時50分　今治駅着　「今治ステーションホテル」泊
ホテルに夕食に適当な店を尋ねると「磯海楽」を紹介してくれた。人気の店のようで、会社帰りのお客で満員の盛況。カウンターの角に隙間を見つけ、生ビールと「梅錦」、あては「じゃこ天」と「ウルメ」。「ホタテの釜飯」を仕上げにいただいて、明日からの英気を養う。
平成18年4月28日（金）
06時00分　「今治ステーションホテル」出発
06時35分　奥の院　龍泉寺

06時45分　**第五十六番　泰山寺**
07時50分　**第五十七番　栄福寺**
09時05分　**第五十八番　仙遊寺**
11時10分　**第五十九番　国分寺**
12時50分　「道の駅今治湯ノ浦温泉」昼食～国道196号～東予市
16時25分　**第六十一番　香園寺**　着（宿坊泊）――32・5㎞

7時前に泰山寺に着いたので、まずは奥の院に参拝。NHKで紹介されたという看板が掲げられていた。

仙遊寺のトイレを見ると、住職の先達講習会での次のような内容の講演を思い出す。修行中の月夜の晩は、「肥え桶」を担いで糞尿の処理をさせられたので、自分が住職になったら、まず最初の仕事は、立派なトイレを作ると決心していたとか。「浄西」の看板のあがっているトイレは、お遍路さんをやさしく迎えてくれている。

香園寺の夜勤行は、般若心経を幾度となく唱えるなかでの護摩供養であった。

平成18年4月29日（土）
06時50分　「香園寺　宿坊」出発
09時55分　**第六十番　横峰寺**

12時35分　石鎚山ハイウエイオアシス
13時10分　「廻る寿司舟」昼食
13時45分　**第六十二番　宝寿寺**
14時30分　**第六十三番　吉祥寺**
15時40分　「石槌温泉」（西条市西田）着（泊）――26・1km

いよいよ横峰寺へアタック。地図を確認して、3ルートの中から石鎚山ハイウエイオアシスの裏から採石場を抜けるルートを選んだ。ポイントは、急激な高低差がないこと。結果的には、この選択が正解であったと、横峰寺で褒められた。

平成18年4月30日（日）
06時40分　「石槌温泉」出発
06時45分　**第六十四番　前神寺**
09時30分　「ローソン西条インター店」～喜光池町
12時15分　「珈琲待夢」（新居浜市船木上）昼食
14時40分　別格霊場第十二番　延命寺
15時30分　「松屋旅館」（土居町中村）泊――28・5km

朝1番に前神寺を打ち、ひたすら別格十二番延命寺を目指す一日。午前中は、旧街道を選び、午後は、国道11号線を歩く。
平成18年5月1日（月）
06時40分　「松屋旅館」出発～戸川公園
11時00分　**第六十五番　三角寺**～半田休憩処
13時15分　別格霊場第十四番　椿堂・常福寺～国道192号
15時00分　「お好み焼きジャンプ」（境目トンネル入口）
16時10分　「民宿岡田」（池田町佐野）着（泊）――30・1km

雲辺寺への中継点としての宿は「民宿岡田」1軒のみ。「松屋旅館」でも予約をしてあるかと、確認されたほど。三角寺まではミカン山を登る感じ。三角寺から椿堂への遍路道を納経所で確認。門前の標識は車用で、歩きは逆方向だという。同じように道を確認しに来た青年と同行することになる。

平成18年5月2日（火）
06時40分　「民宿岡田」出発
08時45分　**第六十六番　雲辺寺**
12時15分　別格霊場第十六番　萩原寺　（昼食）
14時25分　**第六十七番　大興寺**

16時35分　**第六十八番　神恵院・第六十九番　観音寺**
18時00分　「一富士旅館」（豊中町本町）着（泊）――28・6km
同宿の3夫婦と3人が、おにぎり弁当を持って出発。登山道からの1時間の登り道は苦しく、後ろから来た人にどんどん追い抜かれていった。疲れが溜まって、足が動かないのかと思っていたが、雨も降り出した中、2時間で雲辺寺に着いたので、周りが早過ぎたと納得した。お大師さまの井戸水（水堂）のおいしいこと。ペットボトルに詰め替えた。
別格霊場第十六番　萩原寺への道を間違え1時間のロス。雨で足元が悪いことも重なり、ロープウエイの山麓駅まで2時間かかってしまった。その影響か、大興寺を出るときには3時頃となり、観音寺の納経時間に間に合わぬ恐れが出てきた。観音寺までの8kmは、走るように早足で駆け抜け、なんとか間に合ったが、納経所の最後のお客のようだった。
平成18年5月3日（水）
06時35分　「一富士旅館」出発
06時40分　**第七十番　本山寺**
09時55分　**第七十一番　弥谷寺**
11時30分　**第七十三番　出釈迦寺**
12時05分　**第七十二番　曼荼羅寺**

12時45分　**第七十四番　甲山寺**
13時30分　「オハラ」うどん　昼食
13時45分　**第七十五番　善通寺**
14時55分　**第七十六番　金倉寺**
16時05分　**第七十七番　道隆寺**
17時30分　「ホテルニューキャッスル」（丸亀市土器町）着（泊）——30・5km

本山寺をお参りして7時に納経所へ。老住職の「最近の寺族は、ゴルフや宴会にうつつをぬかす。寺を子供が相続するようになり、在家からの僧が少なくなったせいだ。」との嘆きを拝聴して出発。

七十一番　弥谷寺から**七十七番　道隆寺**までは、善通寺育ちの私にとっていわば、故里再発見コース。見慣れた道を歩くことになるが、弥谷寺から出釈迦寺に向かう遍路道は、竹林の中を歩き、風情豊か。こんな素晴らしい道があることは知らなかった。善通寺は、創立１２００年の法要とあって境内はごった返していた。

平成18年5月4日（木）
06時10分　「ホテルニューキャッスル」出発
06時50分　**第七十八番　郷照寺**

08時45分　**第七十九番　天皇寺**（高照院）
11時15分　**第八十一番　白峯寺**
13時05分　「うどん道草」昼食
13時55分　**第八十二番　根香寺**～十九丁
16時15分　**第八十番　国分寺**
17時05分　「あずさ」（国分寺町国分）着（泊）――33・5km

五色台への登山ルートを検討し、比較的緩やかな天皇寺からの道を選んだが、通常ルートと違うためか、頼りの「へんろ道の標識」がない。地元の古老に道を教わり、白峯寺へ。根香寺を打って、十九丁を国分寺へ向かって遍路道を下ったが、地図で予想していた以上の急坂で、国分寺から順打ちで登ってくるルートだと相当な難所だったと内心ホッとした。

平成18年5月5日（金）
07時00分　「あずさ」出発
08時55分　**第八十三番　一宮寺**～県道172号～御坊川沿い
12時10分　「そば処福庵」（屋島ロイヤルホテル）昼食
13時40分　**第八十四番　屋島寺**
15時55分　**第八十五番　八栗寺**

17時55分　「いしや旅館」（さぬき市志度）着（泊）――31・3km

一宮寺から御坊川に沿って歩く。高松市内にありながら、ところどころで鯉が集まっていたり、亀が集まっている。市内を流れる身近な川にこれほど多くの鯉や亀が生息しているのだから、少しきれいに整備して、「鯉と亀の集まる川」としてＰＲすると観光資源になるのではないかと思う。

屋島寺への登り道は、平らな石や、コンクリートでよく整備されている。それに反し、八栗寺への下り道は、強烈で、まるで急降下のようである。

平成18年5月6日（土）

07時10分　「いしや旅館」出発
07時15分　**第八十六番　志度寺**
09時15分　**第八十七番　長尾寺**
11時15分　前山おへんろ交流サロン
12時00分　「うどん・いしい」昼食～県道3号～国道377号
16時25分　**第八十八番　大窪寺**
16時50分　「八十窪」（さぬき市多和兼割）着（泊）――22・0km

おへんろ交流サロンを訪ねたため、どちらかというと車道ルートで大窪寺に向かう。結願の日とあって、お昼は地元の先達などと待ち合わせて会食するなど、余裕の一日。

平成18年5月7日（日）

06時45分　「八十窪」出発～国道377号～県道2号

12時35分　**第十番　切幡寺**

13時20分　「うどん・ふじや」昼食

14時10分　**第九番　法輪寺**

15時00分　**第八番　熊谷寺**

16時25分　**第七番　十楽寺**

17時00分　**第六番　安楽寺**　宿坊着（泊）――30・2km

雨の中、逆打ちで切幡寺を目指すが、へんろ標識が少ない上に、地図での確認を怠ったこともあって山道に迷い込み約2時間のロス。雨と疲労でまいった心が住職の「日本には四季があり、寒さや暑さで厳しい面と春や秋の美しく、穏やかな面がある。私達は、いわば厳父・慈母の日本列島に暮らしている。このありがたさに感謝しよう。」という法話で癒された。

平成18年5月8日（月）

07時05分　安楽寺宿坊　出発

08時10分　**第五番　地蔵寺**

09時00分　**第四番　大日寺**
10時30分　**第三番　金泉寺**
11時35分　**第二番　極楽寺**
12時25分　**第一番　霊山寺**
13時03分　坂東駅～徳島駅～阪急バスにて大阪へ――16・3km

バス遍路で通いなれたコースだが、歩きのルートは、また違った雰囲気がある。霊山寺で歓待を受けて、帰阪。

第五節　第十九番　立江寺～第十番　切幡寺

平成18年5月18日（木）
13時00分　梅田より阪急バスにて徳島駅～立江駅
ＪＲ四国の列車の先頭に「善通寺１２００年」と書かれた丸型プレートがつけられているのに気がついた。うれしくなった。
16時45分　**第十九番　立江寺**着（宿坊泊）
平成18年5月19日（金）

06時20分　立江寺宿坊　出発
07時20分　**第十八番　恩山寺**〜県道136号〜県道203号
11時20分　真言宗地蔵院〜県道192号
12時35分　**第十七番　井戸寺**
13時35分　「中華・華扇」昼食
14時10分　**第十六番　観音寺**
15時05分　**第十五番　国分寺**
15時40分　**第十四番　常楽寺**
16時40分　**第十三番　大日寺**
17時00分　「かどや旅館」（徳島市一宮町）着（泊）――28・5km

雨の中、恩山寺から井戸寺に抜けるのに時間を要したが、地蔵越えを避けて、県道203号を選んだのだが正解だった。

平成18年5月20日（土）
06時10分　「かどや旅館」出発
09時30分　道の駅「温泉の里・神山」
11時07分　登山口「おへんろ駅」

12時35分　**第十二番　焼山寺**
15時00分「柳水庵」
15時45分「青戸庵」
16時35分　**第十一番　藤井寺**
17時00分「旅館吉野」（鴨島町飯尾）着（泊）――34・7km

午前中は降られたが、午後には上がった。しかし焼山寺から藤井寺への遍路道はぬかるんで、歩きにくい上に、逆打ちとあって道に迷いながらのつらい一日となった。「青戸庵」からの最終行程は、納経時間との競争で、錫杖を駆使して坂道を飛ぶように駆け下りた。

平成18年5月21日（日）
06時45分「旅館吉野」出発
09時23分　**第十番　切幡寺**～鴨島駅～徳島駅～阪急バスにて大阪へ――12・0km

ようやく「遍路実習Ⅱ」の行程と合わせて一周することができた。一筆書きの完成である。「試し」に歩いた行程を加えると、1周と**十九番　立江寺**までとなる。落ち着いたら、また十九番から出発したいと思う。その時は、あまりスケジュールに捉われずに、のんびりと歩き遍路を楽しみたい。

第二章　へんろ道のひとびと

お四国を歩いている間に、いろいろな局面で多くの人々との出会いがあった。その人々との出会いを、以下にまとめてみたい。

第一節　同行二人・遍路のひとびと

遍路宿や休憩所などで出会ったお遍路さん、皆それぞれの思いで歩いている。

その1　人生の再出発を目指して

○何度か同宿になり、札所でもよく出会った気になる二人連れがいた。一見、夫婦のようだが、男性のほうがどう見ても格段に若い。何度目かの遭遇に、思い切って尋ねてみた。男性は埼玉、女性は函館、34歳と44歳のいとこ同士で実質的には夫婦だという。神戸に住んでいたが、今後の二人の生き方の答えを出すべく、住まいも整理をしてお四国へ来たという。結願の後、何をすべきか、何処に住むのか、まだ何にも決めていないが、なんとなく「さぬきうどん」屋に興味がでてきたと言うので、讃岐出身者として「さぬきうどん」に対する思いを話した。昔からのうどんやには、必ず「味噌だれのおでん」と「散らし寿しかおいなりさん」が置いてある。それを基準に見てみるのもいいよと。どんな理由があって、人生の再出発を考えることになったのか、これ以上聞くこともできずに、ただ元気で、何かを得て欲しいと心で祈り、納め札を渡して別れた。しばらくして11月22日消印の葉書が連名で届いた。

「名も知らぬ者からの便りで驚かれたことと存じます。わたし達は歩き遍路で10月28日「民宿あわ」でご一緒して11月4日山代屋さんで最後にお目にかかった従姉弟同志のカップルです。覚えていらっしゃいますか？　先達のご出身が善通寺とうかがっておりましたので、七十五番を打ったら筆を取ろうと考えておりました。

本日11月21日ご縁日に宿坊にて書いております。先達とお別れしてから四十一番、四十二番は一日中大雨、四十五番で八丁坂を登り、小雨の中、三坂峠を下り道後温泉はただ通過しただけです。（苦笑）

六十番　横峰さんは前日五十六番　泰山寺で最新情報を教えていただき、湯浪～横峰寺～香園寺奥の院と行けました。六十五番　三角寺は遍路地図の契橋～太陽の家の登りが安全でした。わたし達の旅もあと3日位でしょうか？　どこに住むことになるのか、まだ決まってはいませんが、とりあえず八十八番まで打って高野へ行ってきます。

先達もこの後無事に旅ができます様お祈り申し上げます。」

そして、その後、結局、函館で暮らすことにしたと便りがあった。どのような結論を出したのかは知らないが、お大師様のご加護を祈るばかりである。

○平成18年2月26日　三坂観音堂無料接待所で昨夜から泊めてもらっていたという青年と、遍路道を浄瑠璃寺まで同行することになった。彼は、年末までは徳島市バスの運転手をしていたが、人間関係を含め仕事に自信が持てなくなり、退職して元旦を期して遍路に出たという。遍路をしながら、これからの人生を考えているという。明確な道は、まだ見えてないが、徳島人としてお遍路さんの為になる仕事につきたいと思っている由。3月20日に無事、家に帰り着いたと葉書の便り、好漢の再出発にエール。

その2　さまざまな出会い

○平成16年9月17日　**立江寺**で同宿の60歳半ばのご婦人、「バスできましたよ」と**太龍寺**への登山道で合流。金剛杖に頼りながらの一人旅、歩きにこだわらず自然体の遍路。まさに弘法大師との同行二人と感じさせられた。

○平成16年9月18日　龍山荘での夕食のひと時、遍路同士の気安さからか話しに花が咲いた。「自分の力で、生きてゆく」と力説する60歳の男性に「人智を超えたものを感じたことはありませんかと」と私。

○平成16年9月21日　**最御崎寺**の勤行は、夕食後大師堂で。行って見ると、ご詠歌講の皆さんが三々五々集まってきて、ノートに祈願内容、名前を書いて百円のお布施。それが決まりの様子。読経の後はしみじみとご詠歌をいただき、般若心経を唱える中、大きな経本で僧が一人一人の両肩を2、3度ずつ叩いて回り終了。

○平成17年11月3日　**延光寺**で午後3時頃に出会った歩き遍路の青年、健脚自慢で、1日に歩いた最高距離が60kmという。これから宿毛まで歩いて行くと元気一杯。確かに背も高く、歩みのピッチも速く、とてもついてはいけない速度だ。

○平成18年4月28日　**国分寺**で、区切り打ちのへんろの古賀さんと出会う。昨日に石手寺より出発したとのことで、脱サラして大阪で指圧院を開業しているとか。仕事のやりくりをつけてやってきたという。四国を打ち終えると次は、薬師霊場をまわる予定とか。一緒に**香園寺**に向かう。とても前向きに、明るく遍路を楽しんでいる様子に、こちらまで明るく、元気がでる思いだ。

○平成18年4月29日　**香園寺**から石鎚山ハイウエイオアシス、採石場経由のルートで**横峰寺**に向かう。ゆっくりと、一歩一歩足取りを確認しながら歩いている老夫婦に追いつき立ち話、荷物をビジネスホテルに預けて身軽に登るという。**香園寺**からと言うと、「一度泊まりましたが、二度とごめんです。ゆかた代は取られるし、部屋に鍵もついていない。」と。価値観は人それぞれを実感。私は、お勤めの素晴しさに、感動したが…。

○平成18年4月30日　松屋旅館での夕食、昨日の老夫婦も一緒になる。逆打ちをしている人が二人いて、遍路道の情報交換に話が弾む。昨夜は、民宿岡田が満員で、野宿をしたが、とても寒かったとのこと。最新の「四国へんろ地図」には、昨日、私と老夫婦が歩いたルートが、消されているのを発見、**横峰寺**でほめられたルートなのだが、なぜだろう。採石場から、トラックの出入りで危険との申し入れがあったのかと、勝手に推測。

○平成18年5月1日　**三角寺**にむかう山道で、女性の遍路からミカン3個のご接待。聞けば、農家のおばばから「ミカンはどうね」と声を掛けられ、「ありがとうございます」と返事をすると、なんとバケツに一杯もくださったとのこと、とても、それを全部持って登ることも出来ず、思い余って、登ってくるお遍路さんに、お裾分けをしているのだという。思わず笑ってしまった。そう言えば、「ご接待は断るべからず」だったと思い出した。

○平成18年5月1日　民宿岡田の夕食は、3夫婦に個人3人の大盛況。宗教の話になってお酒も進み、空海の唐での話から、最澄との決別、さらには親鸞聖人の話まで多岐に渡る。翌日の朝食時に岡田のご主人から「宿坊に泊まって、お寺さんの説法を聞くよりもよい話が聞けました」とコメントされ汗顔のいたり。お酒の勢いもあって、少しお喋りし過ぎたと猛反省。

○平成18年5月7日　**安楽寺**宿坊の夕食時、今日からスタートしたというお遍路、8年ほど前に胃の手術で5分の4を摘出、リハビリを兼ねてお四国を33日間で1周。それから病み付きになり、毎年同じ時期に、同じペースで廻って、8回目のスタートとか。

私のペースで41～42日だから、ものすごいスピードと定期性に感動。胃を5分の4も摘出といえば、まず胃癌であったに相違ない。

彼は、リハビリと簡単に片付けたが、最初の頃は、万感の思いを込めての旅立ちであったと拝察する。毎年毎年、命あることを確認し、お大師様のご加護を念じ、感謝しながらのお遍路が7年続き、また今年のスタートであるに違いない。

第二節　ご接待のひとびと

お四国は、「ご接待でもつ」といわれる。歩き遍路に我が思いを託すのだとも聞かされた。歩き遍路ならではのご接待の数々に感謝の気持ちで一杯である。
○牟礼町接待所　もともとは牟礼警察署が始めたとか。国道55号線に接して署の駐車場があり、そこにテントを張っての仮設の接待所。春秋のお遍路シーズンに3ヶ月間ずつ開設するとか。月、金曜日を除いて9時から16時まで地元のご婦人を中心に交代でご接待されている。月、金がなぜお休みかというと運転免許証の交付日で駐車場が使えないのだとか。いずれにしても、警察署と地元ボランティアとの連携プレーは見事。
○ミニ遍路駅「奈半利」　トイレも完備された大型の立派な接待所。当番のおばさんが温かく、つい長居をしてしまった。

民主党の管直人氏も立ち寄り、お菓子類を大量に置いていったとか。なにしろ彼の動向を地元マスコミが報道するものだから、ファンが待ち構えて接待攻勢している様子。ご接待は断ってはいけないのがお四国のルールだから、持ちきれなくなったお菓子類を後続の遍路にお裾分けしたもののようだ。
○**「栗山英子」さんの接待所（安芸市赤野）**　農作業用の建物を改造した大きな接待所。壁面にはお地蔵様の絵が、たくさん飾られている。等身大の遍路姿の人形が3体、迎えてくれる。「自由にお飲みください」と冷蔵庫に飲み物が入れてある。その中から、自家製の蜂蜜ジュースを勝手にいただく。本当は、ご自分が直接ご接待したいと思っているのだが、農作業に追われる日々でそれもままならず、その気持ちを遍路姿の3体の人形に託しているのだと思う。お会いすることは出来なかったが、その温かいお人柄は、想像できる。
○**七子峠**　七子峠から**岩本寺**に向かう途中のお昼時、岡山ナンバーの乗用車がわたしの目の前に止まり、運転席から降りてきた青年に「お昼をどうぞ」とおにぎりとミネラルウォーターのご接待を受ける。同乗の母親らしき方の笑顔を見ると彼女のご指示かと拝察しありがたくいただき、歩きながらほうばった。
○**窪川薬局**　**岩本寺**のお参りを済ませ、門前の窪川薬局で買い物。

風邪気味と感じていたので「咳止め」、筋肉痛対策に「バンテリン」、足のマメ用に「バンドエイド」と傷薬も買おうとすると、「傷薬は、買わなくても、試供品で十分でしょう」とサロンパスも付けてのご接待。さりげない気遣いに感謝。さらに100円のご接待。

○東寺庵無料休憩所　**京都東寺**の北側に「東寺庵」という外人客の多い簡易宿がある。（1泊2000円）その東寺庵が感謝の気持ちをこめての無料休憩所とか。今は、休憩のみだが、食事も出せる簡易宿泊所にまで拡大すべく、大工さんのボランティアで工事中。

私が平成11年に得度した東寺の名前が目に付いたので、思わず入ってしまった。あたりを見渡すとどうも修験のにおいもするので、根掘り葉掘り聞いてしまった。後日、東寺におまいりに行った際に、探してみて、納得がいった次第である。

○足摺岬の善根宿　休憩のため、立ち寄らせてもらったが、居心地がよくて、つい長居をしてしまった。話では、先日お巡りさんがやって来て、お遍路さんに1泊以上させないようにと指導を受けたという。近頃、善根宿や無料宿泊所を根城にして、良からぬことをしでかす輩が増えているからとのことでお巡りさんも警戒中の由。その時は、大阪の公園などにホームレスも多いので、ホームレスのお遍路版かと深くは考えなかったが、その後、バス遍路の先達として添乗している時に、「ホームレス遍路のタク鉢に一銭もやらない、の輪を拡げよう」との手製のチラシを受け取った。それには「遍路すがたは、だますためのユニフォーム。じつは、札所をうろつくホームレス」とあって、以下のようなことが克明に綴られていた。

●たくはつ（ニセ）遍路はこんなオトコ

①遍路の格好で山門付近でたく鉢。

遍路すがたは僧侶そっくり。境内のたく鉢は禁止されているので山門の外や駐車場が仕事場。

②身なりが薄汚れていて、だらしない。

目ん球が濁り、かしこそうな顔つきでない。

③身元がいえない、いわない。

名前は偽名（坊さん風のなまえを勝手に名乗る）、住所はせいぜい○○市まで。電話番号はウソがほとんど。「親と死に別れ、兄弟もいない」はまゆつば。

④生活道具一式を荷車や自転車に載せている。

⑤錦の納め札を、営業マンの名刺のようにだす。

錦の納め札は仏具店でだれでも買えます。「回数は自己申告」を悪用し、だます道具に利用。

⑥巡拝に規則性がない。

10番から17番に向かったり、1～10番を往復、とつぜん逆回りしたりなど。

⑦仏教の知識がない。
　あるのは耳学問だけ。参拝しない。納経帖・掛け軸ももたない。
●ホームレス遍路はどうやって生活しているか。
①かせぎのもとは、たく鉢。
　場所は札所の周辺ほか、フジやマルナカなどのスーパーの入り口付近です。
②仲間同士で情報交換。
○○スーパーは水揚が多い、2時間で5000円などの情報を「同業者」で交換したり自慢しあっています。
③住所不定、無職。
　無料宿泊所、鐘つき堂などを転々。
④ホームレス遍路が取材に応じ、テレビ全国放送！
　仮名の男（54）は『1年中回っている、信仰心は百%ない、四国の人はやさしいので色々面倒みてくれる、白衣がなければわたしはホームレス』と発言（平成16年10月12日ABCテレビ、ワイドスクランブル）
　居直りのS（本名）は、子供用の自転車にのって、今もたく鉢遍路を続行中。
●ホームレス遍路を追放しよう!!

信仰心を逆手にとり善意の人をだます遍路を追放しましょう。『たく鉢するホームレス遍路に金はやらない』の輪をひろげていきましょう。「四国ほど楽に生活できる場所はない」という善意につけこむ遍路を許すことはできません。

確かに、このように列挙されてみると、思い当たることは多いが、はたして全てがそうかというと、そうも言い切れない思いもあり、難しい問題だと思う。私にこのチラシを渡した方は、「先達さんから、お客さんに注意して欲しい」というが、いまだ話すことをためらっている。

○名古屋の堀健一さん　**金剛福寺**からの戻りに名古屋ナンバーの車遍路に呼び止められ、「ボンタンアメ」のご接待を受ける。御礼に納め札を差し出したところ、返礼の納め札は金札で「堀健一」とある。それから何度もそのお名前に遭遇することとなる。いろいろな札所の本堂や大師堂にかかる幕を多く奉納しているのに気がついたからである。それだけでなく、いろいろな寄進を行っており、先達仲間にもよく名前が知られている有名人だった。

○遍路無人宿　「内子フレッシュパーク」から1時間強、長岡山トンネルを出たところにあった。農業小屋を改造して、畳ベットや布団などを用意し、3～4人は泊まれる感じ。ノートに感謝の声が満載。少し休憩させていただいた。しかし、トイレを覗いてびっくり、あまりの汚さに、使用者を叱りつけたくなった。

○**鴇田峠《ひわた》**　**大宝寺**に向かって鴇田峠を下り、ようやく民家が見えてきた。縁側で日向ぼっこの90歳位のおばあさんに呼び止められ、ヤクルトジョア、ミカンのご接待。奈良から来たというと、天理には三度ほど行ったことがあると世間話。きっと、家の方々は、農作業に皆出かけているのであろう。留守番のおばあさんは、縁側で日向ぼっこをしながら、山を下ってくる歩き遍路を毎日楽しみに待っているに違いない、ちゃんとご接待用の品物を見繕って。いつまでもお元気で。

○豪雨の**三坂峠**の上り口で、マイカーのご婦人から車のご接待の声。「松山に行きますが、乗りませんか」「歩きですので、ありがとうございます。結構です」丁寧にお礼を述べてお断りしたが、豪雨の中の仏の声とうれしかった。「ご接待は、断るべからず」だが、唯一許されるのが、歩きの際の車のご接待とか。それを、四国の方は、ご存知のはずだが、それでも一応は、声を掛けてくださる。「本当に大丈夫ですか？　歩けますか？」と確認してくれているようだ。

○**三坂観音堂**　三坂峠を歩いていると、三坂観音堂より人が飛び出してきて、「お茶でも」との声。観音堂にお参りの後、案内された立派な建物が接待所兼無料宿泊所になっている。主の渡辺さんに甘え、「お昼をいただけますか」とお願いする。「何もないけど、トースト位なら、できますよ」と応じてくれた。お茶、お昼のご接待を受けながら、話をうかがう。昨夜お世話になったという徳島の元市バスの運転手だった青年と**浄瑠璃寺**まで同行することに。遍路みちの入り口まで送っていただいた。

「道楽が過ぎる」と、ご家族からは白い目で見られているとのことだったが、遍路にとってはまさしく観音様。

翌日、**石手寺**までたどり着くと、山門近くで渡辺さんが笑顔で迎えてくれた。入り口付近の土産物屋さんが、草遍路の面倒をよくみているとかで、いわゆる溜まり場になっているとのこと。いかにもそれらしき、白髪・白髭の草遍路と中年の草遍路を紹介してくれた。お店のおかみさんが、白髭に錦の納め札を用意していたようで、それを受け取ると、羽織風の白衣を取り出してお参りに行くと言う。「珍しい白衣ですね」と声をかけると、「ファンがいてね。作ってくれるんですよ。だから着ないとね」。一方、中年の方は、「托鉢しなくちゃ」と門前に。「ホームレス遍路のタク鉢に一銭もやらない、の輪を拡げよう」とのチラシを思い出し、複雑な思いがした。

○第五十九番　国分寺門前のタオル屋さん（五九楽堂）　バス遍路の方々にもいつもミニタオルのご接待をしてくださるが、今朝も奥さんが女の子を抱いて店先に立ちご接待、女の子からミニタオルをいただいた。

お参りの帰りにも、アイスクリンのさらなるご接待。毎度のことなので、本当に頭がさが

る。（バス遍路にも、必ずご接待してくださる唯一の店）

○**道の駅「今治湯ノ浦温泉」**で昼食をとって約1時間、デイリーヤマザキ東予三芳店の脇に、テントにイスの休憩所があるのを見つけ、休憩。店内でアイスクリームを求めると、「暑いでしょ。これもどうぞ」と「おいしいお茶」のご接待。従業員ならば、勝手なことはできないはずなので、経営者に出会った幸運か。

○**志度寺**から**「おへんろ交流サロン」**へ向かう途中、手押し車のおばさんに「おはようございます」とご挨拶、「ようおまいり。汗拭きにどうぞ。丁度持ち合わせていました」とタオルをくださった。お礼に納め札を差し出すと「ありがとうございます」と深々と頭を下げられ、大恐縮。「丁度持ち合わせていました」との言葉だが、キチンとビニール袋に入れて、セロテープで封をしているのを見ると、いつもご接待用に持ち歩いているに違いない。「ご接待は、自分の思いを遍路に託す」ということを思いだし、心した。そして「ようおまいり」の一言に感動し、この言葉を本のタイトルに使わせてもらうこととした。

○**JR鴨島駅**　徳島までの切符を買って振り返ると「気を悪くしないでね」とお茶と豆大福のご接待。わざわざキヨスクで買っていただいた様子。無事、終了した喜びと相まって、気遣いの一言にじんと胸が熱くなった。

第三節　宿のひとびと

民宿を中心に、宿坊、旅館、国民宿舎などいろいろな宿にお世話になった。四国遍路は、歩きがもっとも贅沢な遍路ともいわれる。

確かに、一日の費用も掛かるし、何よりも日数が掛かる。つまり、お金と暇がなければ、歩き遍路はできないことになる。ただ、そのような物理的なこともさることながら、ぜいたくさの大きな要因のひとつに宿でのふれあいがあるのではと思う。

○**瓣天屋《べんてんや》旅館**　錫杖、網代笠の私を修行僧と見てか、お布施袋をいただいた。5円玉4個、1円玉30個の計50円也。ありがたく自坊にお供えさせていただいた。

○**民宿「きらく」**　1階が喫茶店、2階に3室の民宿、お風呂はホテル風で、洗濯機や乾燥機の使用料がサービスなのがうれしい。

部屋に備え付けのノートにも宿泊者の感謝の言葉が多い。お風呂のこと、洗濯のこと、清潔な部屋のこと、心づくしの食事のこと等など。遠くは福島、鹿児島からも。

○**民宿「安和」**　いつものようにビールから始めて焼酎の水割りにチェンジして、ご主人も一緒になって同宿の方との楽しい夕食。

皆の話を、ニコニコしながら聞き役に徹しているご主人。翌朝の勘定で、焼酎はご主人のご接待と言う。さらにミカンを2個いただいて出発、申し訳なし。

○民宿「安宿」　ご主人の靴談義が大変参考になった。

①つま先の方は、紐を締めずにゆったりさせ、足首の方をしっかり締める。つま先の方の紐穴を2～3通さずに紐を掛ける位が丁度よい。

②足の裏にテープを貼れという人がいるが、それは間違い。

段々と足が充血して膨らんでくるので、かえってマメの元になる。

西国霊場のバス巡拝にも公認先達として添乗するが、何箇所か、どうしても山道を歩かなければならない札所がある。その時に、この靴の紐の締め方を紹介させてもらっている。「つま先はゆったり、足首は、しっかり」と。

○民宿「へんこつ屋」　延光寺門前の民宿、予約の時に、屋号が面白いと申し込んだ。到着してみると70歳を超えた老夫婦が営んでいる。そもそも朝から財布の中身に不安があり、お金を引き出す郵便局を探すが発見できず、民宿に着くなり手持ちの現金で宿泊できるかとまず相談。晩酌をつけても大丈夫と太鼓判を押され、ほっと一息。ご主人が料理を作ってくれる。自家の畑のものを中心としたお惣菜。若者には、物足らないかもしれないが、我々中年族にはもってこいの夕食。

ご夫婦の悩みは後継者がいないこと。孫娘二人のどちらかが民宿を継いでくれないかと期待しているのがありありと見える。以布利に、いずれ民宿をやりたいという若者が喫茶店をやっているというと、早速会いに行くという。この日の宿泊者は、私一人、手作りの岩風呂にのんびりとつかり、田舎の風情を満喫した。

奥さんは15歳で大阪の布施から一人暮らしのおばさんのところへ来たという。戦時中は食べ物があってよかったが、大変な田舎にびっくり、大阪に帰りたかったと昔話。

○民宿「坂上」「おばば」87歳、若い時に大阪の此花区に住んでいたことがあり、ユニバーサル・スタジオが開場した際には、懐かしいだろうと子供たちが連れていってくれたとの話。「海外の街の通りだったよね」との弁。

「おかみ」さんとの話の中で、土佐名産の果物「新高梨」や「水晶文旦」を礼賛していると、冷蔵庫に入っていたはずと「水晶文旦」を出してくれた。食後のデザートが「新高梨」で、まるで催促したみたいで恐縮。昔は釣り客も多かったが、最近は、お遍路さんのみとか。イカの刺身、秋刀魚の塩焼きなど海の幸を堪能、イカの耳とゲソの酢味噌あえがまた結構でした。(町に早く着いたので、入宿前に散髪屋へ。おつりを受け取って、確認しないまま民宿に着いてよく見ると、お釣りが多すぎる。5千円札と1万円札を間違えたとわかり、「おかみ」さんに電話をしてもらう。散髪屋の奥さんが飛んできた。)

○**松屋旅館**　卯之町は、古い時代の街並みや文化が良く保存されているレトロな町。この町一番の老舗「松屋旅館」はかつて多くの有名人が宿泊し、書などを残している。おかみさんは、ややスローモーだが、心温かく感じるお人柄。雨に濡れたカッパや靴などの雨じまいなど手伝ってもらった。出発時に味覚糖の「純露」を3粒くれ、「疲れた時の特効薬です」と。

○**ときわ旅館**　大洲にたどり着き十夜ヶ橋の別格霊場第八番　永徳寺にお参りに行く前に荷物を預けようと、予約をしている駅前の「伊予屋ホテル」を訪れた。店先の「おばば」に予約していると旨伝えようとすると、耳も遠いらしく、いざって傍に来て、「急に足が駄目になって、休業した」と近くの「ときわ旅館」を紹介された。「ときわ旅館」でその旨伝えると、歓迎してくれた。荷物を預け、お参りを済ませ、改めてチェックイン。洗濯をしてくれた上に、「歩き遍路さんへのご接待です」と携帯用のミニ救急セットをいただいた。

○**民宿「えびす屋」**　食堂らしきも見つからず、パンなど買う店もなく、お昼にありつけないまま、15時前にたどり着いた。まずは何でもよいからと昼食のお願いをし、炒飯を作ってもらい一息ついた。洗濯、乾燥を200円で、すべてやっていただいた。11月のお客が、**岩屋寺**までの遍路地図（行程表付）を作成して送ってくれたからと第1号としてありがたくいただいた。各ポイントまでの距離、所要時間が記され、詳細な解説付。

○**八十窪**　結願の寺・**大窪寺**門前にある民宿。おかみと四方山話、日本の霊場のほとんどは廻ったというので京都に「洛陽三十三ヶ所」が復活したと教えると、それも行かなくてはと。「天皇寺の推薦で先達になったが、研修を終えて先達証書を渡してくれたのが、大窪寺の住職で、なんとも間が悪かった」とのエピソードも。夕食は、結願祝いのお赤飯の心づくし。結願の客ばかりとあって大いに盛り上がる。

後日、平成18年5月25日付の朝日新聞（大阪）夕刊の「日本の音紀行」シリーズの〈お遍路〉「巡礼の旅に　寄り添う鈴」の中におかみの記事が掲載されているのを見つけた。

――朝もやがかかる森に、さしこむ光のように無数の鈴の音が響き渡る。杖に結んだ魔よけ・獣よけの鈴だ。上り坂ではカリン、カリンと力強く、下り坂ではシャン、シャンと涼やかに、道中の気持ちを引き立てる。

弘法大師に縁の深い四国八十八のお寺を巡る「お遍路」。大師が歩いたとされる千数百キロの道のりを、大師と共にと念じながらたどる巡礼は、今なお多くの人を引きつける。

終点の讃岐路・大窪寺の前に、小さな民宿がある。おかみの安部キミエさん（75）は、戦後間もない頃、八十八ヵ所を全部歩いた。病弱な体が丈夫になるようにと母親が願掛けをし、全行程の遍路を命じたのだ。

「十里十ヵ所といって、一番から十番まで娘5、6人で遍路するのが嫁入り道具みたいなもんだったんだわ」。でも、若い娘が独りで歩き通すのは異例のことだった。「食べモンに困らんようにと着物のいたるところにお金を縫いこんで、宿に納める米三升、持たせてくれた。でも、すぐ尽きてしもてな。後は托鉢。もう心細うて」

食糧難の時代、行く先々の子供たちから棒でたたかれ追い払われた。飢えにおびえる毎日を、母との約束だけが支えた。2ヵ月半後。家に帰りついた娘を、母親は泣きじゃくりながら出迎え、抱きしめた。

「大窪寺に杖と笠と鈴を納めてな。もう鈴の音は聞こえんでしょ、今度は逆に心細うて。あくる日、大窪寺に鈴だけ取りに戻ったさ」

今も大事にとってある、棺桶に必ず入れてって遺言しとるの。そう、ころころと笑った。

――

○かどや旅館　連休明けとあって、お客は私一人。連休中は予約で一杯、飛び込みの方は全てお断りせざるをえなかったとのこと。お風呂、洗濯機、乾燥機と独り占め。夕食は、私の予約を忘れていたと言いながらも、部屋まで運んでいただいて優雅に。

○旅館　吉野　ふじや本家旅館に予約を入れた際に、お休みするのでと紹介された旅館。へんろ地図にもまだ記載がされていないので、目下、口コミと紹介のみ。遍路の紹介をと、お願いに回った寺院の中には、今までの関係があるので、紹介できないとはっきり断られたところもある由。旅館に勤め、いずれは民宿をやりたいと思っていたところにこの土地が見つかり、融資もうまくいって新築開店となって1年とか。定員は8～10人だがよく考えた設計になっている。ご主人が奈良県十津川村の出身のところから奈良の吉野とこちらの吉野川にちなんで「吉野」と名づけ、一般の方も泊まりやすいように「民宿」とせずに「旅館」としたとおかみさんの裏話。お客は他に2名、明日、焼山寺に向かうというので、山を降りてきた私からいろいろと情報収集。昨年の上りと今年の下りとの経験からあれこれと思いつくままにアドバイス。

第四節　霊場のひとびと

納経所でのわずかなひと時に、そのお寺の印象が色濃くでてしまう。唯一の霊場の人々とふれあう場である。先達として他山の石としたい。

○種間寺納経所　高野山大学の研修につき、納経帖に日付をお願いしたところ、「霊場会より日付はいれてはいけないとの通達があるので駄目」との返事。「そこをなんとかお願いします」と言うと「自分で書けば」とのつれない言葉。こちらも意地となり「自分で書いては、本当にお参りしたか証拠になりません」と粘って、ようやく書いてもらう。前途多難か。

○別格霊場第五番　大善寺　お参りのあと納経所へ行くと、「歩き遍路さんだけにご接待です」と缶コーヒーとお菓子をいただいた。ご住職の話では、このお寺の他にも無住職のお寺をいくつか預かっている由。「なんとかなるさ」と明るい笑顔。

○龍光寺　地元では「三間のお稲荷さん」と呼ばれる。ご住職は、札所の中でも有名な名物男の一人。納経所で筆を走らせながら「親孝行しているか」などとお説教、バス遍路の添乗員などは、「お軸の巻き方が悪い」などとよくお叱りをうけるという。朝8時ごろ納経所に入ると、ご住職にいつもの迫力がない。「どうされたのですか」と聞くと肺がんの手術をしたという。研修中なので、日付の記入をとお願いすると、「手が言うことを聞かなくなって、細かい字が駄目になった」と言いながらも、丁寧に書いてくださった。（後日、バス遍路の先達としてお参りし、納経所に顔を出して「お元気ですか」と声を掛け、日付をいれてもらった話をすると「そんなことがあったな」とニッコリ。元気そうだ。）

○**泰山寺**　朝7時前にお参りを済ませ、納経所のベルを押すと、住職がジャージー姿で飛び出してきた。「寒いのか暖かいのかが分からないのか、風邪をひいたようです」と言いながら重ね印、高野山大学の研修なのでと日付をお願いすると、「そう言えば、その輪袈裟は大学のでしたね。どこかで見たことがあると思っていたのですよ」と住職。その後、境内に出てきて池を覗き込み、「メダカがカラスにやられてしまいました」と残念そう。

○**香園寺**　宿坊に泊まり、19時からの護摩供養に参加、般若心経を何度も唱える。住職の話では「連休にはいるとバスの団体客が減り、個人の参詣が増えて納経所が込み合うのが例年のことだが、まるでスタンプラリー気味の人も多く、せめて、ご本尊の御真言か大師宝号のみでも唱えたらと思う。心をこめた納経帖やお軸は、後になって感慨も愛着も湧いてくるはず」と。まさに同感。

○**横峰寺**　納経所で、選んだ登山ルートを聞かれ、ハイウエイ・オアシスから採石場横を通るルートを答えると、「香園寺さんのアドバイスですか」「いいえ、地図を見て、選びました」

「逆打ちでは、ベストですよ」とほめてくれた。歩き遍路だと確認すると「お饅頭」のご接待。

○別格霊場第十四番　椿堂　納経をお願いすると「歩きの方へのご接待です」と納経料サービスの上に、缶コーヒーのご接待。高野山真言宗で大学のOBとあって大学の話が弾んだ。高木諦元先生の講義の話や無量光院の土生川先生の話などなど。

○本山寺　朝一番に納経所へ。老住職の話では、お孫さんが高野山大学の3回生、息子さんも大学院を終了したという。「在家から出家するものの道が狭くなったためなのか、寺に育った者のなかにゴルフをやったりキャバレーに足を向け、世間のひんしゅくをかう者が出てきた。ゴルフする時間があるなら、寺の草を引け、酒を飲むなら家で飲めば良い。一握りの者のお陰で僧侶の評価が下がる」と嘆き節。その老住職は昭和20年に大阪市港区の在家からこの寺に修行に入ったとのこと。私が在家から僧侶の道へ転進しようとしているのを聞いてのお話。

○郷照寺　7時前に山門に着くと、車が4～5台に歩き遍路が3～4人電動式のシャッターの前で待っていた。早くお参りして7時には納経を済ませたい人ばかりだ。宿で一緒になった吉田さんもいて、「先達会で、問題にしてよ。せめて6時半に開門するように」と言いだす始末、確かに7時にならないと入れない寺は、今までなかった。寺の安全対策かもしれないが、考えて欲しい対応だ。

○**白峯寺**　納経所の傍らに「ご接待です。どうぞ」の張り紙、箱の中に夏みかんが。早速ひとついただく。さりげなくて、ありがたい。

○**極楽寺**　バス遍路の先達で来たときに、よくご接待を受けているので、名刺を出して、改めてご挨拶。高野山の研修と言うと、お孫さんが高野山大学の4回生で、この連休は帰省して手伝ってくれたと誇らしげ。大阪へは、鳴門西ＩＣからバスに乗るのが早いと教えてくれた。(お孫さんはいつもその方法だとか)

○**霊山寺**　バス遍路の記念撮影の係の女性に、「今日はどうしたの？」と聞かれ、「1周廻って帰ってきたところ」と言うと、納経所につれて行かれ、満願のノートに住所、氏名を記入させられた。すると、「おめでとう」と満願記念の腕念珠をプレゼントしてくれた。

○**立江寺**　宿坊で、料金を前払いして部屋へ案内してもらおうとしたところ、副住職から「お寺さんの歩き遍路から、御代はいただけません。今日は善根宿ということで」と料金を返された。ありがたくお受けし、記念に売店で黒檀の念珠を買い求めた。

○**日付**　納経帖に日付をお願いするのだが**常楽寺**では、じっと考え込んで「先達さんの納経帖に日付など入れていいのでしょうか」といいながら丁寧に二行で書いていただいた。**恩山寺**では、「さすれば、一番上手な人に書いてもらおう」とお気遣いいただいた。

大日寺では、納経帖用の筆では太すぎると細筆を持ってきて書いていただいた。各お寺のお心遣いが有難し。

第五節　土地のひとびと

地元の人々との、さりげない会話にもお遍路をやさしく包み込む気持ちが満ち溢れている。さすがお大師様のふるさとである。

〇**手作り地図の果物屋さん　種間寺〜清滝寺〜青龍寺**周辺の地図を手作りで作成、接待してくれている。道路工事の進捗に対応して数ヶ月毎にリニューアルしているとか。（「時季の里」羽方　実氏）

〇**諸木の交番　雪蹊寺**から**種間寺**に向かう道すがら、「諸木の交番」のボードに大きな「矢印」と「種間寺」の文字。ありがたい道しるべにびっくり、さすが遍路のくにの交番と感心する。

〇**喫茶「おとずれ」**　昼食のため入店すると、丁度魚市場から届いたからと「うるめ」を刺身にさばいてのご接待に預かる。ビールをお願いすると、喫茶店なので置いていないとのこと。するとなじみの客の一人が、買いに走ってくれた。家族的な店主となじみ客の談笑の輪にいれていただき、心温まる。「うるめ」も絶品。

〇**「Ｃａｆé　あの店」**　5年間大阪で修行したという若者が一人でやっている店。おすすめのオムライスがスペシャルで美味しかった。大阪の堂島界隈ならば、昼食時には行列が出来そうな味だとほめた。タイガースファンという彼は、いずれは民宿をやってお遍路さんの役に立つのが夢という。足摺岬の帰りに翌日もお世話になった。本当に美味しい店だった。（へんこつ屋のじい様に彼のことを話しておいたが、その後どうなったのだろうか。孫娘の一人と一緒になって、へんこつ屋を若者にも愛される民宿としてやっていくなんてことを、勝手に夢見ているのだが…。）

○**「スバルショップ大洲」**　自動車販売会社のショーウインドウに張り紙、「歩きお遍路さんへ。クーラーの中にアメが入っています。どうぞ」と書いてある。さりげなく、ほほえましく感じるご接待のメッセージだ。

○**古老との会話**　三坂峠下の松山行きのバス停小屋で雨宿り休憩。

松山へ行くという古老の話、「若いときに車でお四国を廻ったが、小さい島と思っていたのに10日もかかった。この小屋も以前は歩き遍路のために布団を置いてあったんだが、いつのまにかなくなったね。今から三坂越えか、雨の中大変だね」とねぎらいの言葉。

○**西条市内**では道路上のあちこちに「四国の道」の道しるべがはめ込まれていた。これには驚くやら、ありがたいやら。

○**「おへんろ交流サロン」**　木村代表に「おへんろ大使」の任命書とバッチをいただく。国際ロータリークラブとはじめた活動とかで、新たな道しるべの設置も行っていくとのこと。先着の吉田さんの番号が1500番で私のが1501番。私の住まいが広陵町と聞いて、長尾町との「かぐや姫サミット」での提携の話など話がはずんだ。

奈良の片田舎と讃岐の片田舎が「かぐや姫」でつながっていることなど、まったく知らなかった。世間は狭い。

○公認先達　さぬき市の櫻谷先達が激励に駆けつけてくれる。善通寺派願興寺の樫原住職も合流して名物「どじょううどん」のご接待に。樫原住職は、名古屋工大を出て富士ゼロックスに勤務、父親の住職が高齢のため定年後に出家、**善通寺**での修行の1年間が今までで一番つらかったと述懐。（善通寺南大門の門前で、私の高校時代の同級生が骨董屋兼喫茶店を営んでいる。先日、久しぶりに訪れると、なんと樫原住職が1年間修行の間、毎土曜日のわずかな自由時間を利用して、この店から自宅に電話するのが常だったと聞いた。本当に世間は狭い。）

○小松島警察署　終日雨の徳島の朝、小松島警察署の前で、合羽を着て立ち番中の男女の警官。若い男性警官から「がんばってください」と声を掛けられた。「ありがとうございます」と返礼したが、思わぬ激励の言葉に、心からほのぼのと明るくなった。

第三章　歩き遍路を経験して得たもの

第一節　へんろに求めるもの

思ったより多くの方々が、歩き遍路に挑戦しているのに驚いた。若者の多いことにもびっくりしたが、高齢のご夫婦がマイペースで歩かれる姿もほのぼのと温かく、風情があっていいものだと思う。多くの遍路は、弘法大師のなにかを求めて、真摯に遍路を続けている。一人一人がそれぞれの思いを弘法大師に問いかけてひたすら歩く。結願したからといって、それが解決されたかどうかは定かではないし、多分、解決に至ってない方が多いと思う。だから、またお四国へやってくるのかもしれない。私も、足腰が言うことを効かなくなるまで、お四国に通うことになるだろう。

ところで、一部の職業遍路、乞食《こつじき》遍路と言われる者の振る舞いに眉をひそめる人がいる。公然と門前の乞食遍路の托鉢に協力しないように呼びかける団体もいる。また、警察が無料遍路宿に、連泊させないように指導しているという話も書かせてもらった。

しかし、かつての遍路の多くは乞食遍路だったのではないかと思う。昔、ハンセン病に罹ると、不治の病として村八分状態におかれたという。家族は、四国までの旅費とお遍路装束を用意し、水盃を交わして送り出したという。勿論、真の意味で今生の別れであり、行き倒れるまでお四国を歩いたという。また、犯罪を犯し、追っ手から逃れるため、遍路となった事例もある。遍路歌人としてＮＨＫにも取り上げられ、歌集も出版した草遍路が、たまたま放送を見た千葉県警の警官の通報で、大阪府警に殺人未遂で逮捕される一幕もあった。

一方、現在の歩き遍路は、最高の贅沢だといわれる。確かに、一周約６週間の時間が確保でき、一日約１万円の費用も用意でき、しかも健康であること。この三拍子揃ってはじめて実現できることなのである。

先達としてバス遍路に添乗していて気がついたのは、弘法大師信仰の超宗派性である。「大師号は　空海に　みな取られ」という古川柳があるが、大師号をいただいた高僧は20数人いるにもかかわらず、「お大師さん」といえば、皆、弘法大師と認識するのが日本人である。佐藤久光著『遍路と巡礼の社会学』（人文書院）によれば、平成８年４月からの１年間、愛媛県今治市の**第五十六番　泰山寺**で、１２７２名にアンケート調査を実施したという。そのデータによると遍路の宗派別分類は、真言宗48・1％、浄土真宗21・2％、禅宗９・６％、浄土宗６・５％、天台宗５・７％、日蓮宗２・８％であった。弘法大師の出身地である四国在住の遍路が全体の49％を占めているので、真言宗の比率が高いのは、極めて当然かもしれないが、阿弥陀一仏教的な浄土真宗の門徒の比率が２割以上いることに驚かされる。バス遍路の参加者の話では、お四国のお軸を法事の際に掲げていると、住職に叱られるというのにもかかわらずである。

確かに「一度は、四国八十八ヶ所を回りたかった」とか「定年になって、ようやく念願のお四国まいりができます」とかの喜びの声を、宗派を問わず、よく聞いている。

第二節　結願の思い

準備段階での歩き遍路、遍路実習Ⅱでの歩き遍路、そして修士論文代替としての遍路を終えてみると、1周＋十九番までということになる。1周するのに6週間弱の区切り打ちだった。先達になった時に、一度は歩かねばと思っていたが、こんなに早く実現するとは思っても見なかった。これもひとえに、高野山大学の門をくぐることができたお陰である。それも通信制の大学院というものが、この時期にスタートしたという幸運を喜ぶものである。修士課程を修了して、次は遅ればせながら四度加行に向かうこととなる。

思い返せば、ようやくこの道にたどり着いたといえる。父親の「極道」（父の口癖だった）に泣かされ続けた母親は、宗教にすがるしか方法がなかったのか、いわゆる宗教遍歴を繰り返してきた。

子供心に記憶しているだけでも、お不動さん、倫理研究会、生長の家などなど。生長の家にいたっては、私も引きずり込まれ、高校1年生にして県の生長の家高校生連盟の委員長に祭り上げられた事もある程であった。そして究極は、創価学会である。これしかないと思いつめたのか、父親は勿論、祖父母まで入会させてしまった。それを見て、ご先祖さまからの真言宗を、一人っ子である私が守らなければ、誰が守るのかと決心し、最も良いのが僧侶になることだと思いはじめたのは、20歳台の後半であったと記憶している。

電通のサラリーマン生活の中で、西本願寺の先生方と仕事でご縁をいただき、勉強会の片隅に入れていただくようになった。

途中での中断はあるものの約30年間、歎異抄や和讃などの講義を聞いてきた。しかし当初の思いは変わることなく、50歳を半ばにして、ようやくご縁をいただき、東寺で得度することが出来たのである。勉強会の真宗の先生方は、「真宗でなくて真言宗か」とびっくりされていたが、除名されることもなく、「真言宗も言を抜けば真宗だ」などと、いまだに参加させていただいている。

得度後、定年後の僧侶の道を模索していたところに、高野山大学の通信制大学院認可の話である。会社の早期退職制度の導入とあいまって、あっという間にここまできたというのが実感である。

弘法大師の三大霊蹟は、ご誕生の善通寺、ご入定の高野山、立教開宗の東寺と言われる。私は、父親が私を幼児の折に置き去りにしたお陰で、善通寺の祖父母のもとで育てられ、境内は遊び場であった。高校も善通寺で学び、私の故里は善通寺である。得度は京都・東寺、そして高野山大学大学院に籍を置き、加行も大学の道場にお世話になっている。つまり、弘法大師の三大霊蹟のすべてにご縁をいただく幸運に恵まれた訳である。弘法大師に抱かれて、今日まで生かされて来た思いを持ってきたが、遍路道を歩く中で、その思いを一層強くし、ありがたさに身震いする思いであった。この思いを、「弘法大師の語り部」として伝えていきたい。

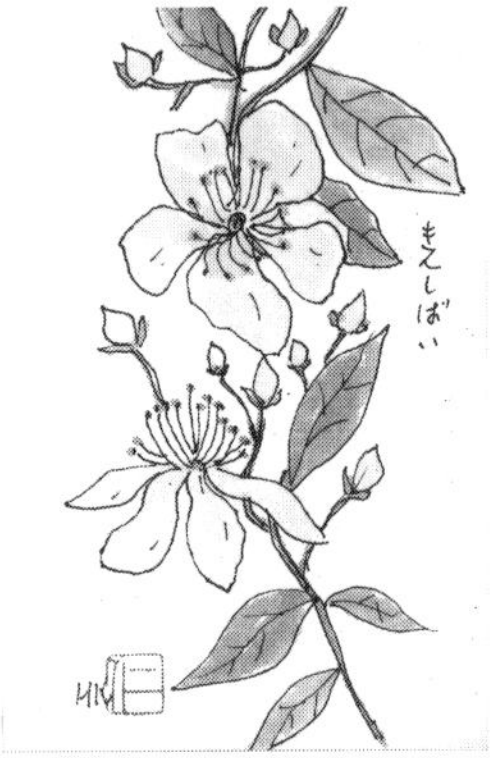

第三節　四国霊場の公認先達として

毎月数回は、公認先達としてバス遍路に添乗している。歩き遍路を終えて、その体験をお伝えできることが、自分自身をまた一回り大きくしてくれたと実感する。生活に余裕ができてから お四国参りを始める人が多い訳で、すでに歩き遍路の適齢期は過ぎている人がほとんどとなる。考えてみれば、最も贅沢な遍路形態が「歩き遍路」だと思う。今こそ、「点の遍路」と「線の遍路」の両方を体験したものとして、それぞれのすばらしさを語りたい。

そして、真言宗徒としての生き方を新居祐政（1927〜）の「真言宗信心教示章」をもって基本とし、それに沿って、語ることができればと思う。「真言宗信心教示章」は、2003年10月に発表された『真言宗信心要義』の中で8章に渡って展開されているものである。それは、①即身成仏章　②済世利人章　③密厳曼荼羅章　④三密修行章　⑤大師信仰章　⑥真言宝号念誦章　⑦都率往生章　⑧先祖回向章の8章であり、真言宗徒に対する指針が網羅されている。

①即身成仏章――真言宗の教えと信仰は、「この身このままの人生において成ずる即身成仏である」とし、『大日経』では、「実の如く自心を知るなり」と説いてあるとする。弘法大師も『即身成仏義』の中で「もし人、仏慧を求めて菩提心に通達すれば、父母所生の身に速やか

に大覚の位を証す」と述べ、心を仏の世界である曼荼羅に運ぶことが真言宗の教えと信仰の肝要であり、悟りを得る道とされている。「仏、われに入り、われ、仏に入る」ところの悟りの境地を得て、人みな仏と成りて暗き世に明るき光明をもたらすこと、これ、即心成仏道というものにして我ら真言宗徒は、この悟りの道を歩むべきものなり。

②済世利人章――弘法大師空海の生涯こそが、世を救い人々に利益を施す現世の仏としての済世利人であるとし、真言宗徒は釈尊と弥勒菩薩の二仏中間の仏である大師の今ここに在る有難さを思い、報恩の真心を捧げるため、相互供養・相互礼拝の実践行をなし、この世に仏国をつくる信心を堅固にもつことが肝要と説く。人として生まれてきた私どもは、曼荼羅の諸尊、並に高祖大師の悲願を思い、物と心の社会奉仕を行い人々の四苦八苦を救い、信心のまことを顕すこと、これ真言宗徒の勤めというべきものなり。

③密厳曼荼羅章――金・胎両部の大曼荼羅は、本尊大日如来を中心として金剛界１４６１尊、胎蔵界４１４尊の仏菩薩が画かれ、仏の智慧と慈悲、進歩と調和、共生供養の密厳仏国を図示するもので、いわゆる「従果向因・従因至果」を示し、果より因に向かうところの悟りの境地より人々を救う慈悲の行動と、因より果に向かうところの人々の修行によって成仏にいたる真言密教の深い教えの根本を表すと説き、真言宗徒は日夜仏を拝し、供養を捧げ、心を曼荼羅に運び秘密荘厳の心に住すること、これ真言宗の信仰と説く。

④三密修行章――身・口・意の三密修行は、真言宗の根本教理で、即身成仏の直道と説き、真言宗の信仰と修行は、三密修行にて一貫し、成仏への道を歩むことと教えられている。大師は、十善戒を守ることを信心の綱目とされ、これに反することを十悪業とされている。この教えを心に留め、日々、身・口・意に磨きをかけ、布施・持戒・忍辱・精進・禅定・智慧の六度の修行をすることこそが、人生の大事と説く。

⑤大師信仰章――大師信仰とは「大師とともに同行二人」の信仰生活をいい、いつも弘法大師の導きと救いがわが身にあるとの信仰をいう。大師の誓願は「虚空尽き衆生尽き涅槃尽きなば我が願いも尽きなん」との永遠の衆生済度の願いにあるとして、大師信者はこれに応えて「南無大師遍照金剛」のご宝号を唱えて報恩のまことを捧げるべしと説く。

⑥真言宝号念誦章――真言宗の信心は日夜に真言を唱え、仏と大師の加護と導きを得ることにあると説き、発菩提心真言、三昧耶戒真言、光明真言、そして『般若心経秘鍵』によれば全文すべて真言という般若心経などの真言念誦とともに大師宝号を唱えることが重要だと説く。

⑦都率往生章――弘法大師も弥勒菩薩の浄土即ち都率浄土に在って、永遠の衆生済度に生きているとし、ここに帰って往生成仏することを都率往生と説き、やがて寿終を迎える時、大師の導きと仏菩薩七尊（不動明王、釈迦如来、文殊菩薩、普賢菩薩、地蔵菩薩、弥勒菩薩、薬師如来）の加護により弥勒菩薩の浄土にいたり成仏するのが真言宗の信心であり悟りを決定

するものであると説く。

⑧先祖回向章――大師は「四恩の広徳に報いて三宝の妙道を興せよ」と教示され、父母、国土、衆生そして仏法僧の三宝の恩に報いて仏道修行を興すことが人生の道しるべであるとして、父母および先祖への孝養こそ、仏法興隆の基本とされていると説き、経を唱え、精進供、霊供膳を供養して、人が人を祀る美徳を絶やすことなく道義を守ることこそ、人の道というもので、この世に極楽を築くものは先祖供養と孝養の心であって、仏の心、人の心を、いま自己に行い続け、子孫に相続することを日夜に知り、以って人としての道を行くことが、信心の肝要と説く。真言宗徒は、み仏の加持力を信じて己が功徳力を倍増するため常に見仏聞法し、供養礼拝の報恩行に勤めしむことを願う。

今、四国八十八ヶ所霊場会によると年間50万人を超える人々がお四国へ来ていると推測されている。江戸時代の高野聖・真念の『四國邊路道指南《みちしるべ》』などをきっかけとするお遍路ブームを第1次とすると現在は、本四架橋による交通網の整備や団塊の世代の定年によって第2次お遍路ブームといわれているが、その目的は、何なのか。前出の『遍路と巡礼の社会学』によると最も多いのが「信仰心にもとづいて」が35・4%を占めている。次いで「信仰心と行楽を兼ねて」が26・5%、「精神修養のため」が14・7%、「納経帖や掛軸への集印に関心をもって」

12・6％などの順になる。

「行楽」目的をあげる人は極めて少ないのが特徴とのことだが、問題は、その信仰心の中身にあろう。

新居祐政の「真言宗信心教示章」で見れば、「大師信仰」と「先祖回向」が中心と思われるが、「大師信仰」にしても、はっきりと自覚されている方がどれほどいるか疑問である。

先日、バス遍路に添乗した際の参加者から便りをいただいた。

「堺市方面からの四国八十八ケ所巡りの遍路の旅も12月21日結願しました。（小生は、19日に結願）今回の遍路の旅は、小生の66年間の人生では考えられない出来事でありまして、八幡製鉄（現新日鉄）に入社後7年間しか会社業務に携わらず、以降円満退職までの32年もの長きにわたって労働組合の専従役員を務めたことから、多くの知人・友人から〝何の心境変化か〟と訝れたものであります。このことからもお察しがつきますように、1月は世間で見る常識程度のみの知識で参加したものでありました。しかし、回を重ねるごとに母（6年前96歳で天国へ）が生前戒名を授かる奉仕を菩提寺で行っていた意味を、輪郭程度かもしれませんが理解できたのではと思い巡らして結願を迎えたところであります。まだまだ、半人前の宗教観しか持ち合わせていませんが、余生は日々の生活の中に少し取り入れ、心の安らぎを得ていきたく考えています。アドバイスがありますれば、お知恵を賜りたく思います」

お四国のありがたさ、素晴らしさが文面を通して、迫りくるものがある。実は、この便りは、「戊年八十八会（仮称）」の開催案内に添えられたもので、今年、堺から出発して顔見知りになった参加者が同窓会的な会を結成しようとしているのである。その案内に

「謹啓　平成18年に四国八十八ケ所へ同行いたしました皆々様におかれましては、新たな心境のもと恙無く日々お過ごしのことと拝察申し上げます。既に12回の四国八十八ヶ所遍路の旅も結願され、懺悔のお参りで安堵された方、弘法大師の心にふれたと思う方、先祖の供養を果たされた方、そして、家族や自分の悩みに関するお祈りで鱗が取れたと思う方等々、心身とも今後の生き方の大きな意義を感じられているものと推察するものであります。ところで、〝お節介な世話人S〟が案内しておりました同窓会的な『戊年八十八会（仮称）』に多くの同行の皆様がご賛同下さいまして、その形をどうにか作ることができました。……」とある。

弘法大師の無言のお導きの広がりに喜びを禁じえない。出席予定は、30名を超えるという。勿論、私も出席して、法悦の輪の中に入れていただく所存である。「真言宗信心教示章」の教えを胸に。

おわりに

お遍路に際しては、へんろみち保存協力会編の『四国遍路ひとり歩き同行二人』に助けていただいた。さらに「お遍路マーク」がなければ、とてもとても歩けなかった。心強い援軍に感謝。

少しでも、感謝の気持ちを表すべく、「四国八十八ケ所　ヘンロ小屋プロジェクトを支援する会」の会員となった。この会は、建築家の歌一洋近畿大学教授の四国のへんろみちに89軒のヘンロ小屋を建設するプロジェクトに賛同し多面的にサポートする会である。現在の会員は、約200名。7月末で17軒が完成したと聞いている。微力ながら、協力させていただく所存である。

健康に感謝。ご縁に感謝。お四国の人々に感謝。

南無大師遍照金剛。

付記

この体験記を書いている時期に、東寺の兄弟子土口哲光教化部長のご紹介で、『禅と念仏』誌平成18年11月号にエッセイを掲載することとなった。私の今の心境を書かせていただいたので、付記としたい。

「お大師さんに抱かれて」

平成18年6月3日、善通寺開創1200年を記念する四国八十八ヶ所霊場会主催の出開帳ご本尊の開眼法要及び第26回公認先達大会に出席するため善通寺を訪れた。法要会場の遍照閣は、全国から集まった千人を超える先達で入場もかなわず、境内を散策することとした。55年以上前に遊ばせていただいた境内は、懐かしく、そこかしこに思い出が一杯詰まっていた。

3～4歳の頃であろう、幼稚園に入る前の頃、四国の西条で、父に置き去りにされた経験がある。父は、腕のいい土木屋で現場監督として地方を飛び回っていた。話によると、肺病を患った母は実家で静養することとなり、父が私を連れて西条の現場に入ったということのようである。父は、25歳位で、いつの間にか若い女性と三人暮らしとなっていた。

そんなある日の夕刻、着流しに羽織姿、雪駄履きという父が外出するところに出くわした。

「お父ちゃん、どこへ行くの？」「ちょっと出かけてくるよ。おねえちゃんの言うことをよく聞くんだよ。」そのまま行方不明になってしまった。幼児の私を置いていかれた彼女は、途方にくれるばかり。借家を引き払い、私を連れて実家に戻った。その実家は大家族の八百屋で、店頭で石焼芋を売っていた。売れ残った焼き芋を家族で食べるのだが、私には芋の皮しか廻ってこなかった。しかも夜尿症の私は、寝小便のたびに、家族に押さえつけられ、お尻に「やいと」をすえられたのを記憶している。（今もその痕が残っている）

興信所を使ったのかどうかは知らないが、彼女が私を連れて列車に乗り、とある家を訪ねた。彼女が、話し合いを続けている間、私は一人別室で遊んで待っていたが、しばらくすると彼女は私を置いて帰ってしまった。その家は、善通寺市にある父の実家だったのである。彼女の説明を聞いて、祖父母は私がまだ見ぬ孫であることを確信したのである。それからは、祖父母と三人の幸せな日々が続いた。小学校から帰宅すると、「おだいっさんに行って来る。」の一言、総本山善通寺の境内が子供達の遊び場だった。お祭りの時は、サーカスや見世物小屋が五重塔に並んで立ち、大勢の人でにぎわったことを覚えている。

小学校2年の頃か、父親が一人の女性を伴って突然現れた。祖父母に、父は額を畳に擦り付けて侘びをいれ、もうしばらく預かって欲しい、落ち着いたら迎えに来るからということであった。この時、連れてきた女性が母親だった。「この人がお母ちゃんか。」という奇妙な感覚であった。親子三人で、金毘羅さんに詣で、写真屋で記念写真を撮ってもらった。私のアルバムの最初のページは、この写真と母に抱かれた赤ちゃんの時の写真の2枚だけである。

小学校4年の時に、両親の元で暮らすことになり、母の故里である九州に渡った。中学3年時には、高校受験を前に両親が、姫路の現場に転じた為、下宿しながら受験。高校の1学期を終えた時点で、その高校になじめない私は、勝手に転校の手続きをしてしまった。しかし、現場生活の両親の元で暮らせるわけもなく、結局善通寺の祖父母の下で高校生活を送ることになったのである。幼稚園前から小四まで、そして高校時代と人生にとって大切な時期を善通寺ではぐくんでもらった。今思えば、お大師さんのお導きとしか考えられない。

早稲田に学んで、広告会社の電通に入社、30数年間の勤務の後、早期退職制度を利用して退社、念願の仏門に入った。「お大師さん」の三大霊蹟は、ご誕生の善通寺、御入定の高野山、そして真言宗立教開宗の京都東寺だが、善通寺で育った私は、平成11年に東寺で砂原秀遍師(現長者)を師僧に得度、現在は高野山大学大学院密教学専攻(通信制)に在学中と、気がつけば三大霊蹟のすべてにご縁をいただくという幸運に恵まれている。さらに、「お大師さん」のお導きか、奈良県田原本町の唐古遺跡の北側にある「常徳寺」という小寺をお預かりし、四国八十八ヶ所霊場会公認先達、西国三十三所札所会公認先達としてバス遍路の皆様をご案内するという日々を送らせていただいている。大学院の修士論文の代替としての「八十八ヶ所歩き遍路」

を5月に無事終了、その記録を、「遍路道の人々との出会い」というテーマで整理中である。
これからの人生は「弘法大師の語り部」として精進することが、お導きいただいた「お大師さん」へのご恩返しと思っている。

合　掌

四国八十八ヶ所霊場会　札所案内

番外　八幡山　秘密傳法院　金光明四天王教王護国寺（東寺）

真言宗総本山（東寺真言宗）

京都府京都市南区九条町1
075―691―3325

ご本尊　薬師如来

ご真言　おん　ころころ　せんだり　まとうぎ　そわか

ご詠歌　空海の心のうちにさく花は　弥陀よりほかにしる人はなし

身は高野心は東寺におさめおく　大師の誓いあらたなりけり

あらたかやくにたみ護る　南無大師　東寺に今もおはしましまず

延暦13年（794）平安遷都後、羅城門の東西に東寺と西寺を造営し、平安京の鎮護とした。弘仁14年（823）嵯峨天皇は、東寺を空海に「永く給預」し、鎮護国家の道場として初めて他宗の混在を禁じ真言僧50人のみを定置する制とした。空海は「教王護国寺」と命名、東寺は、「真言宗立教開宗の寺」となった。天長2年（825）講堂を建立、前後して灌頂院、五重塔などが建ち、承和2年（835）空海は鎮護国家、玉体安穏のため宮中真言院で初めて七日間の「御修法」（後七日御修法）を勤修して以来皇室とのつながりが深くなった。同3年5月実慧が東寺2世長者となって空海の偉業を完成した。ついで真済、真雅、宗叡、真然、益信、聖宝、観賢と名僧が長者職に相次いだ。

保元平治の乱で荘園は奪われ堂塔は荒廃したが、建中年間（1190~98）文覚が勧進となり源頼朝の援助を受けて堂舎を修造した。文明18年（1486）一揆のため伽藍の大半は焼失、豊臣、徳川両氏の保護で復興したが明治の神仏分離令によって寺領は没収、後七日御修法も中止となったが、御修法は明治15年東寺灌頂院にて復興した。

ご誕生の善通寺、ご入定の高野山奥の院と並んで、弘法大師三大霊蹟のひとつ。
第一次お遍路ブームといわれた江戸期には、まず東寺で「四国遍路御守護」のお札をいただき、四国へ渡ったといわれる。そのしきたりも近年すたれていたが、第二次お遍路ブームといわれる平成13年四国霊場の番外札所として復活した。その歴史から、国宝、重文の宝庫であり世界文化遺産に登録されている。
お遍路は、国宝の御影堂で参拝のあと「食堂《じきどう》」内の納経所で朱印を受ける。

○金堂（国宝）――慶長11年（1606）豊臣秀頼が再建。薬師三尊の本尊坐像の裳懸座の下に十二神将が取り巻く。鎌倉仏師康正の作

○講堂――空海が密教を広く伝えんと曼荼羅を立体化したもの。中央に金剛界五仏、右に五菩薩、左に五明王、左右に梵天、帝釈天、四隅に四天王像を配した。いずれも国宝か重文。

○五重塔（国宝）――寛永21年（1644）の再建。全長55ｍで我が国最大。心柱を囲んで四仏（各3尊）が四方に配される。

○御影堂（国宝）――国宝のお堂に国宝の大師像が安置される。もとは空海の住房。南面に秘仏不動明王が安置。

第一番　竺和山《じくわざん》　一乗院　霊山寺《りょうぜんじ》　高野山真言宗

徳島県鳴門市大麻町板東字塚鼻１２６
０８８―６８９―１１１１

ご本尊　釈迦如来
ご真言　のうまく　さんまんだ　ぼだなん　ばく
ご詠歌　霊山の釈迦のみ前にめぐりきて　よろずの罪も消えうせにけり

聖武天皇の勅願により天平年間（729〜49）に行基が開基。

弘仁6年（815）弘法大師が21日ほど留まって衆生の八十八の煩悩を浄化し、また衆生と自らの厄難をはらって、心身の救済が出来る霊場を開こうと修法された。その時、仏法を説く一老師をたくさんの僧侶が取り囲み、熱心に耳を傾けている霊感を得た。大師は、その光景は、天竺の霊鷲山で釈迦が説法をしていた情景と似ていると感じ取り、天竺の霊山を日本に移される意味から竺和山霊山寺と号し、第一番霊場に定められた。

そのときの念持仏が釈迦誕生仏（白鳳時代の作・約14cm・銅造）で、本尊の前に納められたとされる。

天正年間（1573−91）長宗我部元親（1538−99）による兵火で堂塔は全焼、やがて阿波藩主・蜂須賀光隆公によって再建されたが、明治24年通夜堂から出火し、本堂、多宝塔を残して他の建物は焼失、近年になって再建した。

「発願の寺」とあってお遍路さんは、この寺で衣装を整え、遍路用品を準備する方が多い。シーズンともなると、遍路バスが、20台近く集結することもある。

第二番　日照山　無量寿院　極楽寺

高野山真言宗

徳島県鳴門市大麻町檜字ダンノ上１２
０８８―６８９―１１１２

ご本尊　阿弥陀如来　（伝　弘法大師　作）重文
ご真言　おん　あみりた　ていせいから　うん
ご詠歌　極楽の弥陀の浄土へ行きたくば
　　　　南無阿弥陀仏口ぐせにせよ

行基菩薩が開創したといわれ、弘仁6年（８１５）に弘法大師が巡錫され21日間にわたり「阿弥陀経」を読誦し修法された。その結願の日に阿弥陀如来が現れたという、そのお姿を刻み本尊として二番札所に定められた。

ところが、ご本尊の後光が鳴門の長原沖まで達し、漁に支障をきたしたので、本堂の前に小山を築いてさえぎったという故事から、「日照山」と号した。

天正年間に長宗我部元親の兵火によって堂塔は焼失したが逐次造営され、万治2年（１６５９）に藩主蜂須賀光隆公の援助により本堂が再建された。

境内にそびえる杉の老巨樹は、「長命杉」（樹齢１２００年あまり弘法大師お手植えという）千年の風雪に耐えた老杉の霊気を受けると、長寿だけでなく病気平癒、身体健全、所願成就がかなうとされる。

○「安産大師」――大師堂の大師像は「安産大師」といわれる。縁起によれば、弘法大師が21日間の修法中、難産に悩む女性が弘法大師のお加持によって無事安産した。そのお礼にと木彫りの大師像を奉納し、以後安産祈願の本坊として多くの信者を集めたという。

また、明治の頃、大阪住吉に住む病弱な婦人が、妊娠したので安全祈願をしたところ、ある夜、夢の中に大師が現れ四国巡礼をすすめられた。そこで発心し讃岐から巡拝し、ここ二番極楽寺までくると急に産気づき、大師の霊感あって最後まで巡り続けよとのお告げがあった。結願し帰宅したら、男の子を無事出産することができたという。感激した婦人は後に大師堂の前に修行大師像を奉納した。これが現在、境内に安置する安産大師である。

第三番　亀光山　釈迦院　金泉寺《こんせんじ》　高野山真言宗

徳島県板野郡板野町大字亀山下６６
０８８―６７２―１０８７

ご本尊　釈迦如来　（伝　行基菩薩　作）
ご真言　のうまく　さんまんだ　ぼだなんばく
ご詠歌　極楽の宝の池を思えただ　黄金《こがね》の泉すみたたえたる

聖武天皇の勅願により行基菩薩が天平年間（729～49）に開創、「金光明寺」と賜号、釈迦如来（約91cm）を本尊に、阿弥陀如来、薬師如来を脇侍として安置。弘法大師が巡錫の折、村人が日照りで苦しんでいるのを見て井戸を掘られた。この井戸から湧き出た水が霊水で「長寿をもたらす黄金《こがね》の井戸」とされ寺名を金泉寺に改めたという。この井戸は「黄金井《こがねい》」と呼ばれ、この井戸に顔が映れば長生きするといわれている。

また鎌倉中期の亀山法皇も深く信仰し、京都の三十三間堂に倣った堂舎等を建立して山号を亀光山とした。しかし、長宗我部元親の兵火によって大師堂を除く大半の建物を焼失してしまった。現在の建物はその後、再建されたもの。

源平の戦いの折、屋島に向かう義経が、この地に立ち寄り戦勝祈願したと「源平盛衰記」にある。そのとき弁慶が力試しに持ち上げたという「弁慶の力石」がある。本堂の左手にある慈母観音子安大師は、義経の祈願所とか。

本堂裏に南朝の長慶天皇（在位1368～83）陵といわれるお墓がある。明治26年お墓の下から石碑が発掘され「南朝長慶帝寛成尊太上天皇御陵、応永5年3月19日崩御、御寿53歳」と刻まれていたため御陵と判った。

第四番　黒巌山《こくがんざん》　遍照院　大日寺　東寺真言宗

徳島県板野郡板野町黒谷字居内5
088―672―1225

ご本尊　大日如来（開基　伝弘法大師　作）
ご真言　おん　あびらうんけん　ばざらだとばん
ご詠歌　ながむれば月白妙《しろたえ》の夜半《よわ》なれや　ただ黒谷《くろたに》にすみぞめの袖《そで》

弘法大師が42歳の時（弘仁6年・815）長くこの寺に滞在して修法され、大日如来を感得されて、一刀三礼して1尺8寸（約55㎝）の大日如来を刻みご本尊として創建、寺号を大日寺としたと言われる。山号は、境内が三方を山に隔てられ、「黒谷」と称せられたのが由来。地元では「黒谷寺」とも呼ばれていたという。

藩主蜂須賀家の帰依が厚く、今の堂宇も五代藩主・綱矩（つなのり）によって元禄年間（1688～1703）に大修理されたもの。（大日如来が蜂須賀家の守り本尊による）

山門をくぐり石段を登ると正面に本堂。本堂から廊下沿いに右手に大師堂。この渡り廊下には、西国霊場三十三体の観音像が安置されている。（江戸時代中期に大阪の信者の奉納）

○鐘楼門——朱塗りの山門で、上部が円柱の鐘楼となっており、一階は角柱という珍しい造り

○四国八十八ヶ所霊場に大日寺と称する寺は、3ヶ寺（四、十三、二十八番）

第五番　無尽山　荘厳院《しょうごんいん》　地蔵寺　真言宗御室派

徳島県板野郡板野町羅漢字林東5
088―672―4111

ご本尊　延命地蔵　胎内佛　勝軍地蔵（開基　伝　弘法大師　作）
ご真言　おん　かかかび　さんまえい　そわか
ご詠歌　六道《ろくどう》の能化《のうげ》の地蔵大菩薩　導き給えこの世後（のち）の世

弘仁12年（821）嵯峨天皇の勅願により弘法大師が開基。大師は、1寸8分（約5・5cm）の甲冑を身にまとい右手に錫杖、左手に如意宝珠を持ち軍馬にまたがった勇ましい地蔵を刻み本尊とした。後に、紀州・熊野権現の導師を努めていた浄函上人が霊木に55cm程の延命地蔵尊を彫られ、その胎内に納められたと伝えられる。

勝軍地蔵の信仰からか、源頼朝・義経をはじめ蜂須賀家などの武将たちが多く寄進し、かっては、阿波、讃岐、伊予の三ヶ国に三百の末寺を擁し、塔頭26ヶ寺を数えたが天正年間長宗我部元親の兵火でことごとく焼失した。

本堂裏手の石段を登れば、二百体ほどの羅漢を安置した奥の院がある。（拝観料200円）羅漢堂は、コの字型で、正面は釈迦如来、左に弥勒菩薩右に弘法大師を安置した御堂があり、回廊で結ばれた中に等身大の羅漢さんが立ち並んでいる。

実名、実聞の二人の僧が、生涯を通じて諸国を行脚し集めた浄財で五百羅漢像を納め堂宇を建立した。（安永4年／1775）その後大正4年4月の大火で堂宇を焼失したが、その後再建。（この土地では「羅漢さん」と親しまれている）

羅漢とは、お釈迦さまの弟子であり、仏道修行して阿羅漢果という人間として最高の位を得た人である。その羅漢さんを5百人集めたのが五百羅漢であり、その姿は喜怒哀楽の表情を浮かべた実に人間味あふれたものである。境内の大銀杏は、樹齢800年超。

第六番　温泉山　瑠璃光院　安楽寺

高野山真言宗

徳島県板野郡上板町引野字寺の西北8
088—694—2046

ご本尊　薬師如来（伝　弘法大師　作）
ご真言　おん　ころころ　せんだり　まとうぎ　そわか
ご詠歌　かりの世に知行《ちぎょう》争うむやくなり
　　　　安楽国の守護《しゅご》をのぞめよ

　現在地から2km奥まった安楽寺谷から鉄錆色の熱湯が湧き出て、その湯は諸病に特効があるといわれていた。弘仁6年（815）巡錫中の弘法大師は、薬師如来と因縁浅からぬ地であると、薬師如来を刻んで本尊とし、堂宇を建立して温泉山・安楽寺と号し六番霊場に定めた。天正年間に長宗我部元親の兵火に会い、現在地に再建された。
　桃山時代、藩祖蜂須賀家政公によって設けられた駅路寺《えきろじ》として「瑞運寺」と改められたこともあった。（慶長3年の「駅路寺文書」が寺に保管されている）
駅路寺は徳島を中心に五つの街道に設けられ、遍路や旅人の宿泊、茶湯接待の施設とした。また軍事、治安上の取り締ま

りなどに役立てた。駅路寺には堪忍分として十石の寺領を寄進している。

昭和32年の火災で本堂を焼失、6年目に再建され銅葺きの鉄筋コンクリート造となった。その中心の本尊薬師如来像（9尺5寸坐像）は、昭和37年水谷繁治・しづ（当時49歳）夫妻がしづさんの脊髄カリエスの難病が住職のすすめた四国遍路で快癒した報恩にと奉納したもの。1尺3寸の元来のご本尊は、胎内佛として納められた。その後、京都の大仏師・松本明慶師彫刻の等身大脇佛「日光・月光菩薩」、「十二神将」など十六体が佐藤浄峰師によって奉納された。現在、無名時代からの明慶佛は大師堂の弘法大師像など三十五体に上る。

鯉が泳ぐ日本式回遊庭園の中央に大師お手植えと伝えられる厄除けの「逆松（さかまつ）」という老木がある。伝説では弘法大師が修行中、手負いの猪と間違えられ、あやまって猟師の矢の的にされたが、松が矢を受けて助かった。大師は、修法のご利益で命拾いしたものと、猟師に松を掘り起こさせ、根を上にして植えさせたのが根付いたものといわれる。

水谷しづさんは、昭和31年より脊髄カリエスにかかり、あらゆる治療をしたが悪化するばかりで、ただ生きているだけの日々が7年も続いた。昭和34年の夏、夫の繁治さんがしづさんの肌着と納経帖をもってはじめて四国遍路の代参をすると、心なしかしづさんの顔に生気を感じ取った。それから毎年「妻しづ当病平癒」の納め札を納めて代参をつづけた。そして安楽寺住職畠田禅峰がしづさん本人の八十八ヶ所の巡拝をすすめた。しづさんはタクシーに乗り、金剛杖にすがり、夫繁治さんに助けられて巡拝を始めた。遍路ころがしのお寺は、当事は車では登れず、背負われたりしながらおまいりした。27番神峯寺の山道を這うようにしてのぼり、お参りをしての下り坂で転倒した。「なにかありがたいお方が2回、しゃくるように起こしてくれました」と自分で立つことができた。この日から日ごとに回復し、満願することができた。不思議な霊験を得て全快、感激した夫妻が昭和37年に本尊を奉納した。昭和55年有志によって27番神峯寺の参道にその由来の霊験の石碑が建立された。（報恩の碑）

水谷繁治さんは生涯を大師信仰の伝道に捧げ、特任大先達まで昇補され、愛知県で「山水会」を組織、今の愛知県先達会の礎を築いた。

宿坊に泊まると、夜の勤行に参加でき、住職の法話が聞ける。

第七番　光明山　蓮華院　十楽寺　高野山真言宗

徳島県阿波市土成町高尾字法教田58
088—695—2150

ご本尊　阿弥陀如来（伝　開基　弘法大師　作）
ご真言　おん　あみりた　ていせいから　うん
ご詠歌　人間の八苦《はっく》を早く離れなば　至《いた》らん方《かた》は九品十楽《くぼんじゅうらく》

この地に留錫した弘法大師は、阿弥陀如来を感得し、ご本尊として刻まれ、安置したのが始まり。人間の持つ八つの苦難（四苦八苦）を離れ、十の光明に輝く楽しみ（極楽浄土に往生する生が受ける十種の快楽）が得られるようにと、寺号を光明山十楽寺とされた。

当時は、現在地から3㎞奥の十楽寺谷の堂ヶ原にあったが、天正年間（1573～91）の長宗我部元親の兵火ですべてを焼失、寛永12年（1635）に現在地に再建された。

本堂左側の「治眼疾目救済地蔵尊」は古くから眼病に霊験あらたかとされる。山門は中国風の鐘楼門で、竜宮城を思わせるデザインから「竜宮門」とも呼ばれる。

兵火で焼失の折、時の住職は本尊を背負い、大門ヶ原の小屋に仮安置し、弟子に経本を背負わせて避難させたが、その途中で矢に射られた弟子は経本を置いたまま逃げたので、経本は焼失した。その跡が経塚となって残っている。

四苦八苦　生・老・病・死・愛別離苦・怨憎会苦・求不得苦・五陰盛苦

極楽往生の際の十楽

①聖衆来迎の楽（臨終のときに阿弥陀仏や聖衆が迎えてくださり、浄土に導いてくれる楽しみ）
②蓮華初会の楽（蓮華の台座に託して極楽往生した行者が限りない歓楽を受ける楽しみ）
③身相神通の楽（極楽の聖衆はその身が常に光明であるという楽しみ）
④五妙境界の楽（色声など5種の対象が絶妙であることをいう。妙なる極楽世界の楽しみ）
⑤快楽不退《げらくむたい》の楽（仏道修行の過程において既に得た悟りや功徳、その地位を退失しない楽しみ）
⑥引接結縁《いんじょう》の楽（極楽に往生して神通自在の身となり世々生々に恩を受け、縁を結んだ人々を導いて浄土に引き取ることを得る楽しみ）
⑦聖衆倶会《じょうじゅうくえ》の楽（極楽で互いに語り交わり、法楽を得る楽しみ）
⑧見仏聞法《けんぶつもんぼう》の楽（極楽に往生すれば常に阿弥陀仏を見て、深い教えを聞くことができる楽しみ）
⑨随心供仏《ずいしんくぶつ》の楽（心のままに仏を供養する楽しみ）
⑩増進仏道の楽（極楽に往生すれば、自然に仏を増進する楽しみ）

第八番　普明山《ふみょうざん》　真光院　熊谷寺《くまだにじ》　高野山真言宗

徳島県阿波市土成町土成字前田185
088—695—2065

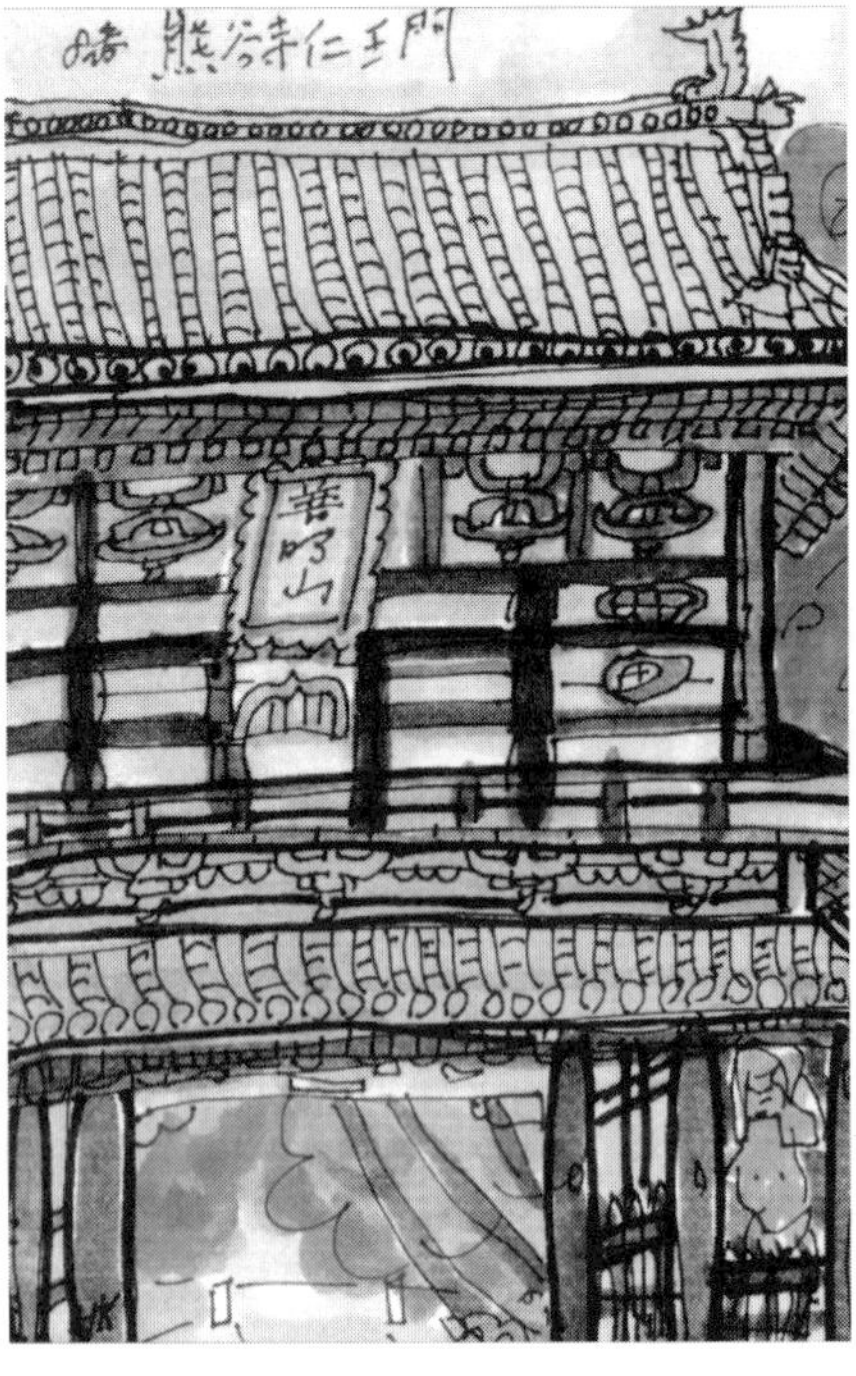

ご本尊　千手観世音菩薩
ご真言　おん　ばざらたらま　きりく
ご詠歌　たきぎとり水熊谷の寺に来て　難行するも後の世のため

弘仁6年（815）、弘法大師が、当地の奥の閼伽ヶ谷にて修行中、紀州熊野権現が現れて千手観音を安置せよとお告げになり、1寸8分（約5㎝）の金の観音像を大師に授けて去りました。大師は、一刀三礼して霊木に等身大の千手観音を刻み、その胸中に仏舎利120粒と共に金の観音像を納め本尊とし、堂宇を建立したのが始まりとか。

元禄2年（1689）の寂本著『四國徧禮霊場記』には、「境内は清幽で、谷が深く、水は涼しく、南海が一望できる。千手観音像の髪の中には125粒の仏舎利が納められてある」という意の記述がある。

昭和2年の火災で、本堂、本尊共に焼失し、昭和46年再建された。

高さ12ｍあまりの仁王門は四国霊場最大の仁王門、貞享4年（1687）長意上人によって建てられたものといわれ、県の文化財。中門には持国天と多聞天がまつられる。

書院の庭には、龍が臥したように枝の低い見事な「臥竜の松」がある。

第九番　正覚山　菩提院　法輪寺

高野山真言宗

徳島県阿波市土成町土成字田中198―2

088―695―2080

ご本尊　涅槃釈迦如来

ご真言　のうまく　さんまんだ　ぼだなんばく

ご詠歌　大乗のひほうもとがもひるがえし
　　　転法輪の縁とこそきけ

弘仁6年（815）、巡錫中の弘法大師が、当地より北方の法地ヶ谷に白蛇がいることを知り、白蛇は仏の使いであることから寺を建立し「白蛇山法淋寺」と名づけたのが始まり。長宗我部元親の兵火で、焼失したが、その後正保年間（1644〜1648）に現在地に移され再建された折、今の「正覚山法輪寺」に改めた。

安政6年（1859）村人が浄瑠璃芝居の稽古をして

いた際に堂内から出火したと伝えられ鐘楼堂を残して全焼、現存の建物は明治以降のもの。

ご本尊の釈迦涅槃像は、弘法大師が刻まれたと伝えられ、大きさは80㎝、火災にも難を逃れ、秘仏として5年に1回だけ開帳される。

○寺宝「弘法大師御衣」――高野山奥の院での御衣替えの恒例にちなんで明治15年（1882）明治天皇が法輪寺に下賜されたもの。

○草鞋のお守り――昔、松葉杖なしでは歩けなかった人が参拝後、歩けるようになったという話があり、本堂には多くの草鞋が奉納されている。健脚祈願の「足腰お願いわらじ」は納経所に。

第十番　得度山《とくどざん》　灌頂院　切幡寺《きりはたじ》

高野山真言宗

徳島県阿波市市場町切幡字観音１２９
０８８３—３６—３０１０

ご本尊　千手観世音菩薩
ご真言　おん　ばざらたらま　きりく　そわか
ご詠歌　欲心をただ一筋に切幡寺
　　　　後の世までの障《さわ》りとぞなる

弘仁年間、弘法大師が巡錫してこの地に来ると、ある貧しい家に一人の乙女が幡を織っていた。大師は、この家に立ち寄り喜捨を乞うと乙女は心良く接待した。7日後、「今日は、7日の結願の日にあたるが、身に着けているものが汚れているので、布を頂きたい」と所望すると、乙女は気持ちよく、今まで織っていた布を惜しげもなく鋏で切って、差し出した。大師は、乙女が「父母の菩提を弔うため観音様を祀り、仏門に入っ

て精進したい」と言う願いを聞いて、その家に留まり、千手観音像を刻み、そして、乙女を得度させて灌頂を授けると、乙女は即身成仏して千手観世音菩薩に化身した。そこで、大師は、このことを嵯峨天皇に伝え、勅願によりこの地に堂宇を建て、「得度山　灌頂院　切幡寺」とした。

本堂には、南向きに大師が彫った千手観音像を、北向きに女人即身成仏の千手観音像を安置して本尊にしたと伝えられる。

○「女人即身成仏の寺」として知られ境内に、その伝説による鋏と布を持った「はたきり観音」像がある。

○山麓から中腹の本堂まで８００ｍ。山門から３３３段の石段があり、女厄坂、男厄坂を登りつめたところが本堂。

○大塔は、豊臣秀頼が秀吉の菩提を弔うため大阪の住吉神宮寺に建立したもの。明治6年神仏分離令によって廃寺となった際、東西両塔のうち残っていた西塔を移築したもので、完成に10年。初重と二重の間が方形で、日本唯一の構造様式。最も高台にあり、そこからの景色は素晴らしい。（重文）

第十一番　金剛山　藤井寺《ふじいでら》
臨済宗妙心寺派

徳島県吉野川市鴨島町飯尾１５２３
０８８３―２４―２３８４

ご本尊　薬師如来　（伝　開基　弘法大師　作）
ご真言　おん　ころころ　せんだり　まとうぎ
　そわか
ご詠歌　色も香も無比中道の藤井寺
　　真如の波のたたぬ日もなし

弘仁６年（８１５）、弘法大師42歳の時、自らの厄難を除き衆生の安寧を願って薬師如来の尊像を刻んで本尊とし堂宇を建立。金剛不壊《こんごうふえ》の護摩壇を八畳岩に築き、7日間の御修法を行って、堂塔の前に五色の藤を植えたという由来から「金剛山藤井寺」と称せられるようになった。

天正年間（１５７３～１５９１）の長宗我部元親の

兵火で焼失したが、本尊は難を逃れた。

江戸時代に入って、臨済宗の南山国師が入山して再興したところから真言宗から臨済宗に改められた。天保3年（1832）、再度火災にあい、住職は焼死するも本尊は、またも難をのがれた。本尊は、「厄除け薬師」として親しまれ国の重文。久安4年（1148）、仏師経尋の銘がある。

本堂は、昭和53年改修され、外陣の天井には畳30畳の雲竜図が描かれ、内陣両脇には千体の薬師如来像が祀ってある。

○次の12番焼山寺までの約13kmのへんろ道は、弘法大師の頃の面影を残す古道。細く険しい山道で6～7時間はかかる難所。

第十二番　摩盧山《まろざん》　正寿院《しょうじゅいん》　焼山寺《しょうざんじ》　高野山真言宗

徳島県名西郡神山町下分字地中318

088―677―0112

ご本尊　虚空蔵菩薩

ご真言　のうぼう　あきゃしゃ　きゃらばや　おん　ありきゃ　まりぼり　そわか

ご詠歌　後の世を思えば恭敬《くぎょう》焼山寺　死出や三途の難所ありとも

役小角が飛鳥時代に山を開き、蔵王権現を祀ったのが始まりとされる。伝説によると、この山には魔の大蛇がいて村里へ出ては、作物や人畜に火を吐いて危害を加えることがしばしばあった。弘仁6年（815）弘法大師が開山のため登ってこられると、これを妨げようと満山を火の海としたが、大師が法輪の印を結び、真言を誦して登ると火は順次衰え、9合目に達した時、岩窟から大蛇が飛びかかった。その時、弘法大師は、虚空蔵菩薩と三面大黒天の加護によって大蛇を岩窟に封じ込めてしまった。それ以来、異変は起こらず、人々は安住することが出来たという。

そこで大師は、虚空蔵菩薩を刻み本尊とし、寺号を火の山にちなみ「焼山寺（焼ケ山ノ寺）」山号を火の恐れがあるので「摩盧（梵語で水輪の意）山」とした。

鎌倉時代後期、後醍醐天皇の勅願所となっている。

平成20年新大師堂が落慶法要。

焼山寺から十三番大日寺に下って2・7kmのところに「杖杉庵《じょうしんあん》」がある。遍路の元祖といわれる衛門三郎の最後の遺跡で、天長8年（831）10月30日大師にみとられて往生、手厚く葬られ、三郎の杖が墓標に立てられた。その杖から芽が出て大杉となり杖杉と呼ばれるようになった。この杉は享保年間に焼けてしまったが、現在の杉は、その後、芽生えたもの。杉の近くに三郎の墓石があり、ささやかなお堂に大師と三郎の木像がまつられている。

○「遍路ころがし」――遍路が足を踏み外すところげ落ちるほど急な山道の寺をいう。四国霊場6ヶ所（十二番　焼山寺、二十番　鶴林寺、二十一番　太龍寺、二十七番　神峰寺、六十番　横峰寺、六十六番　雲辺寺）

第十三番　大栗山《おおぐりざん》　一の宮寺・華蔵院《けぞういん》
大日寺　真言宗大覚寺派

徳島県徳島市一宮町西町丁263
088―644―0069

ご本尊　十一面観世音菩薩（脇侍　大日如来）
ご真言　おん　まか　きゃろにきゃ　そわか
ご詠歌　阿波の国一宮とはゆうだすき
　　　かけて頼めやこの世のちの世

弘仁6年（815）弘法大師が巡錫され、この地の北側にあたる「大師が森」というところで護摩修法されていると大日如来が出現し「この地は霊地なれば一宇を建立すべし」と告げられた。そこで大師は、大日如来を刻み、一宇を建立したと伝わる。その後「天正の兵火」で罹災するも、阿波三代目藩主、蜂須賀光隆公により本堂が再建され、諸国に総鎮守である一の宮が建てられたとき、その別当寺（一宮寺）として阿波

一の宮を管理した。

しかし、一の宮の本地仏は行基菩薩作の十一面観音であり、江戸時代は一の宮が札所で、寺は納経所であった。（真念著『四國邊路道指南』にも記載）

その後、明治の神仏分離令にあたり、神社は独立し、寺名も大日寺にもどったが、一の宮の本地仏である十一面観音を移遷し本尊として安置、もともとあった大日如来が脇持となっている。

○しあわせ観音――境内に入って正面にあり、蓮華合掌している両手の中に極彩色の観音像。幸せの願いを祈る。

第十四番　盛寿山《せいじゅざん》　延命院　常楽寺　高野山真言宗

徳島県徳島市国府町延命606
088－642－0471

ご本尊　弥勒《みろく》菩薩

ご真言　おん　まい　たれいや　そわか

ご詠歌　常楽の岸にはいつか到らまし　弘誓《ぐぜい》の船に乗りおくれずば

弘仁6年（815）弘法大師は、当地で修行していると弥勒菩薩を感得された。そこで、約86cmの弥勒菩薩像を刻み九間四面の堂宇を建て、ご本尊として安置した。後に大師の甥の真然《しんねん》僧正が金堂を建て、高野山再興の祈親《きしん》上人によって講堂、三重塔、仁王門などが建立され七堂伽藍の整った大寺となったが、長宗我部元親の兵火で焼失、現在の本堂は万治2年（1659）藩主蜂須賀光隆によって再建されたもの。

○あららぎ大師――本堂右の周囲8m、高さ10mの巨木の股に石像の弘法大師が祀られ、糖尿病、眼病の祈願をする。

3大特色　①本尊弥勒菩薩は、四国霊場で唯一
②「流水岩の庭」境内の半分くらいは起伏の富んだ岩床を刻んで作られた自然のもの
③社会施設（養護施設）常楽園　昭和30年に住職が開設した身寄りのない孤児のための施設

○弥勒菩薩――56億7千万年後、兜率天というところからこの世に下られ釈迦の救いが得られなかった人々を救済するといわれている。大師入定の折、「私が、眼を閉じたらば、必ず弥勒菩薩のおられる理想世界に往生して、56億7千万年後に弥勒菩薩に従ってこの世にまいり、私の歩いた跡をたどりたい」といわれたという。

第十五番　薬王山　金色院《こんじきいん》　国分寺　曹洞宗

徳島県徳島市国府町矢野718—1
088—642—0525

ご本尊　薬師如来
ご真言　おん　ころころ　せんだり　まとうぎ　そわか
ご詠歌　薄く濃くわけわけ色を染めぬれば　流転生死《るてんしょうじ》の秋のもみじ葉《ば》

聖武天皇は天平13年（741）詔を発して、各国毎に国分寺（金光明四天王寺）と護国之国分尼寺（法華滅罪之尼寺）の建立を命じた。四国には、各県に国分寺が一ヶ寺ずつ残っている。阿波の国分寺には聖武天皇から釈迦如来と『大般若経』が納められ、本堂には光明皇后の位牌厨子を奉祀されたと伝わる。

開基は、行基菩薩で薬師如来を刻み本尊とした。当初は、法相宗であったが、弘法大師が留錫して烏瑟沙摩明王《うすさまみょうおう》を刻み、四国霊場に定め真言宗となった。「天正の兵火」によって灰燼に帰したが、その後、寛保元年（1741）に吼山養師《くざんようし》和尚、阿波藩郡奉行速水角五郎が堂宇を再建し曹洞宗に改宗している。

烏瑟沙摩明王堂は本堂再建までは仮本堂、いまも大師堂が仮住まい。

○本堂――重層の入母屋造りで文化文政年間（1804～30）の再建。聖武天皇、光明皇后の位牌が祀られている。

○烏瑟沙摩明王――弘法大師が唐から請来したもので、一切の不浄・悪を焼き尽くす偉力ある明王。便所に祀られる。

第十六番　光耀山《こうようざん》　千手院　観音寺《かんおんじ》　高野山真言宗

徳島県徳島市国府町観音寺49—2
088—642—2375

ご本尊　千手観世音菩薩
ご真言　おん　ばざらたらま　きりく
ご詠歌　忘れずも導きたまえ観音寺　西方世界弥陀の浄土へ

寺伝では聖武天皇の勅願により天平13年（741）に行基菩薩によって創建と伝えられる。その後、弘仁7年（816）弘法大師、留錫のみぎり本尊として等身大の千手観世音菩薩を、脇持に不動明王と毘沙門天を刻み光耀山観音寺と号して第十六番札所に定めた。

寺宝である『観音寺縁起』では、弘法大師によって創建され、千手観世音菩薩を刻み本尊とし、脇侍として不動明王、毘沙門天を刻んだことや、藩主蜂須賀綱矩公が新築・移転に協力したことなどが寺史に詳しく記されている。

天正年間には、長宗我部軍の兵火によって大きな被害を蒙っている。

万治2年（1659）宥応《ゆうおう》法師が本堂を再建された。現在の本堂は近年再建され、一部に旧本堂の木材が使用されている。

寺宝として、弘法大師直筆といわれる光明真言の印版があり、白衣の襟に刷り込んでもらう遍路が絶えない。

○夜泣き地蔵――鐘楼門入って右に子供の夜泣き封じの地蔵尊が安置され、子供の病気平癒、健康と成長を祈願する。

○ご本尊の霊験により高松伊之助という盲目の遍路の眼が見えるようになったとか、大師のいましめを受けた宮崎シヨさんという遍路のことなどが実話として伝わる。

第十七番　瑠璃山　真福院　井戸寺

真言宗善通寺派

徳島県徳島市国府町井戸字北屋敷80―1
088―642―1324

ご本尊　七仏薬師如来
ご真言　おん　ころころ　せんだり　まとうぎ
　そわか
ご詠歌　面影をうつしてみれば井戸の水
　結べば胸のあかやおちなん

天武天皇の勅願により白鳳2年（673）に開基。この地は名前の国府が示すように、国の行政機関である国府や国分寺、国分尼寺などの大寺が立ち並び阿波の国の文化の中心であった。

当時は、「妙照寺」と称し、八町四方の境内と12坊を持つ大寺だった。

本尊七仏薬師如来の坐像は聖徳太子の作、脇持の日

光・月光菩薩は行基作と伝えられる。

弘仁6年（815）春、弘法大師が丈8尺余の十一面観音を刻まれ、またこの地方の水が悪いのを憂いて、錫杖で一夜の内に井戸を掘られたところ清水が滾々と湧き出でた。大師は水にお姿を映し、その姿を石像に刻まれた。「面影の井戸」、そして寺号の「井戸寺」もそれに由来する。その大師の石像は、日を限って祈願すれば、必ず願いがかなうという「日切《ひぎ》り大師」として祀られ、堂内の「面影の井戸」は、自分の姿が映れば、無病息災、映らなければ3年以内に不幸に会うという。（眼病に霊験）

何度も戦乱や災害にあうが、江戸時代の万治4年（1661）本堂が再建されている。本堂には、中央に3ｍ近い薬師如来が安置され、左右に三体ずつ薬師如来が並んでいる。この七仏薬師如来は、全国的にも珍しく七難即滅・七福即生・厄除開運などに霊験。

重要文化財　十一面観音像（弘法大師作）
　日光・月光菩薩　二体（平安時代）
　金剛・胎蔵大日如来　二体（室町時代）
　仁王像　二体（鎌倉時代）

第十八番　母養山《ぼようざん》　宝樹院　恩山寺《おんざんじ》

高野山真言宗

徳島県小松島市田野町恩山寺谷40
0885―33―1218

ご本尊　薬師如来
ご真言　おん　ころころ　せんだり　まとうぎ　そわか
ご詠歌　子を生めるその父母《ちちはは》の恩山寺
　　　　訪《とぶ》らいがたきことはあらじな

聖武天皇の勅願により行基菩薩が厄除けの薬師如来を刻み、本尊として開基。

「大日山　副生院　密厳寺」と号し、女人禁制の道場であった。延暦年間、弘法大師がこの寺で修行していた時に、母の玉依御前が大師を訪ねて来たものの女人禁制のため登山できなかった。そこで弘法大師は女人解禁の7日間の修法を行い、母堂を寺内に招き入れて

孝養をつくされたという。

やがて玉依御前は剃髪されその髪を納められ、大師は寺号を「母養山恩山寺」と改めた。大師は自ら、自像を刻まれ安置し、厄除けを誓ったといわれる。(現大師堂の本尊)

○玉依御前の剃髪所——大師堂の手前「大師御母公剃髪所」の石碑と小堂が建ち、大師作と伝わる「御母公像」、髪の毛が安置される。

○源義経上陸の地——石碑が境内山裾に建ち、近くの神社に弓を引く銅像が立つ。

第十九番　橋池山《きょうちざん》　摩尼院《まにいん》　立江寺《たつえじ》　高野山真言宗

徳島県小松島市立江町字若松13
0885—37—1019

ご本尊　延命地蔵菩薩（脇時　不動明王・毘沙門天）
ご真言　おん　かかかび　さんまえい　そわか
ご詠歌　いつかさて西のすまいのわが立江　弘誓《ぐせい》の舟に乗りていたらむ

聖武天皇の勅願により天平19年（747）行基菩薩が光明皇后の安産を祈って、5・5cmの黄金の地蔵を刻み安置したのが始まり。その後、弘仁6年（815）弘法大師が立ち寄り、等身大（1m90cm）の延命地蔵菩薩を刻み、その小像を胸中に納められ立江寺と命名された。（当時は現在地より西へ400m）

天正年間長宗我部軍の兵火により焼失、その後阿波初代藩主蜂須賀家政公により現在地に移され再興された。（本堂は昭和49年の火災で全焼も本尊は無事で3年後再建）

本堂の格天井《ごうてんじょう》画（286枚）は東京芸大の教授などにより花鳥風月などが描かれている。

○寺宝――「釈迦三尊図」重文

・各国に一つずつある関所寺の一つ、参拝者の心が審判され邪心を持つものに天罰がくだるという。

・安産、子宝祈願の寺「子安の地蔵尊」「立江の地蔵さん」と親しまれている。

・肉付き鐘の緒の黒髪堂――石見（島根）浜田の城下の櫻屋銀兵衛の娘お京、大阪新町で芸妓をしているうちに要助という男とむすばれ21歳の時に郷里に帰って夫婦となった。やがてお京は鍛冶屋長蔵と密通し、長蔵をそそのかして夫要助を殺し丸亀に逃げた。

享和2年（1802）お京27歳の時で、追手から逃れる為か、二人は遍路になって札所めぐりをはじめ、立江寺に来たのは享和3年の春夕方のこと。本堂にぬかずくやいなや、お京の髪はたちまち逆立ち、本堂の前にたれている鉦に巻き上げられてお京は高く吊り上げられてしまった。住職に助けを求めると、住職はことの次第を訪ね、お京が懺悔すると黒髪もろとも肉は剥げ、鉦の緒に残り、一命は助かった。その髪を祀る。二人は、真人間になって寺近くの田中山に庵を結んで仏道に精進したという。田中山に「お京塚」。

第二十番　霊鷲山《りょうじゅざん》　宝珠院　鶴林寺《かくりんじ》　高野山真言宗

徳島県勝浦郡勝浦町生名字鷲ヶ尾14
0885―42―3020

ご本尊　地蔵菩薩（伝　開基　弘法大師　作）重要文化財
ご真言　おん　かかかび　さんまえい　そわか
ご詠歌　しげりつる鶴の林をしるべにて　大師ぞいます地蔵帝釈

延暦17年（798）桓武天皇の勅願により弘法大師によって開基。

弘法大師が巡錫のおり、紫雲たなびく中に2羽の白鶴が、小さな黄金の地蔵菩薩を互いに守りながら老樹の枝に舞い降りた。大師は霊感を得て、ただちに高さ90cmの地蔵菩薩を刻み、その黄金の地蔵菩薩を胎内に納め本尊とした。山の形がインドの霊鷲山《りょうじゅせん》に似ているところから、「霊鷲山鶴林寺」と命名し二十番の札所とした。

以来次の平城《へいぜい》天皇、嵯峨天皇、淳和《じゅんな》天皇、源頼朝・義経、三好長治、蜂須賀家政などの帰依も厚く、今日も末寺15ヶ寺をもつ大寺として続いている。

山門の仁王像は運慶の作と伝えられる。かっては、焼山寺以上の難所として阿波の三難関所の一つと言われた。

○波切り地蔵――本尊は暴風で難破しそうになった船を導いた伝説がある。

○「お鶴」「お鶴さん」と親しまれ、白衣の背中に鶴の朱印をいただき、三十九番延光寺の亀の朱印とセットにする遍路が多い。

第二十一番　舎心山《しゃしんざん》　常住院《じょうじゅういん》　太龍寺《たいりゅうじ》
高野山真言宗

徳島県阿南市加茂町龍山2
0884—62—2021

ご本尊　虚空蔵菩薩
ご真言　のうぼう　あきゃしゃ　きゃらばや
　　　　おん　ありきゃ　まりぼり　そわか
ご詠歌　太龍の常にすむぞやげに岩屋
　　　　　舎心聞持《もんじ》は守護のためなり

桓武天皇の勅願により延暦12年（793）、弘法大師が本尊虚空蔵菩薩をはじめ諸尊を刻んで安置し、開創した。山号は修行の地舎心嶽から、寺名は修行中に大師を守護した大龍（龍神）にちなんで定め、二十一番札所とした。

大師は、24歳の時の著作「三教指帰《さんごうしいき》」の中で「19歳の時阿国の大龍に登り、虚空蔵求聞持の法を修し…」

と述べるように、境内より南西６００ｍにある舎心嶽が大師修行の史跡である。

青年時代の弘法大師の思想形成に多大な影響を及ぼした当寺は、別名「西の高野」といわれる。

「天正の兵火」をはじめ江戸時代にもいくどか罹災したが、その都度藩主の保護で再建されている。

仁王門は鎌倉時代の建立、諸堂は江戸時代以降の復興。

本坊廊下の天井に描かれた龍の絵も素晴らしい。

阿波の国では、焼山、お鶴に次ぐ難所といわれるが、今はロープウエイが平成4年に開通し、10分で山頂駅に着く。

第二十二番　白水山《はくすいざん》　医王院　平等寺　高野山真言宗

徳島県阿南市新野町秋山177
0884―36―3522

ご本尊　薬師如来
ご真言　おん　ころころ　せんだり　まとうぎ　そわか
ご詠歌　平等にへだてのなきと聞く時は　あら頼もしき仏とぞみる

弘仁5年（814）弘法大師が、厄除け修行のため巡錫されたとき、空に5色の瑞雲がたなびき、その中に金剛界大日如来の金色の梵字があらわれたので、加持されたところ今度は薬師如来が現れたので、さっそく祈祷に使う水を求めて井戸を掘ったところ乳白色の水が湧き出てきた。大師はこの霊水で身を清め百日間の修行を重ね、薬師如来を刻んで本尊とし、一切衆生を平等に救済されるため寺号を「白水山平等寺」とされた。

この霊水は、本堂石段の左にあり、万病に効く「弘法の霊水」「白水の井戸」と呼ばれている。寺は、七堂伽藍を整え12の末寺を擁していたが、「天正の兵火」で焼失、享保年間（1716～36）に中興の祖・照後僧正によって再興。

本堂には、足の不自由な方の箱車やギプスなど救われた人々の奉納品がある。

○厄除け年の石段――本堂へは男の厄年の数、下りの不動堂からは女の厄年の数、門前は子供の厄年の数となっている。

○中務茂兵衛の道標――門前に「四国霊場巡拝百五十九回記念　中務茂兵衛　明治三十一年三月吉日」の道標

第二十三番　医王山　無量寿院　薬王寺　高野山真言宗

徳島県海部郡美波町奥河内字寺前２８５—１
０８８４—７７—００２３

ご本尊　厄除薬師如来（伝　弘法大師　作）
ご真言　おん　ころころ　せんだり　まとうぎ　そわか
ご詠歌　皆人の病みぬる年の薬王寺　瑠璃の薬をあたえましませ

聖武天皇の勅願にて行基菩薩が開基。「厄除けの寺」として全国的に有名。

弘仁6年（815）弘法大師42歳の折、自分と広く世の人の厄難を払うための誓願を立て、厄除け薬師を刻んで本尊とした。以後平城、嵯峨、淳和天皇と皇室の厚い信仰で栄え、勅使を下して官寺とされている。文治4年（1181）火災で焼失したが、そのときご本尊は自ら光を放ちながら西の玉厨子山に飛んで難をのがれた。後に後醍醐天皇が堂宇を再建して新しい薬師如来を安置すると、再び戻って後ろ向きに本堂に入られた。以来「後ろ向き薬師」として秘仏。（玉厨山は、奥の院のあるところ）

本堂への石段はまず女の厄坂33段、続いて男の厄坂42段で本堂、大師堂。

本堂右からは「瑜祇塔」まではさらに61段の還暦の厄坂がある。それぞれの石段の下には『薬師本願経』の経文が書かれた小石が埋め込まれており、厄年の遍路は1段毎に、お賽銭を置いて厄をのがれるという風習がある。

第二十四番　室戸山　明星院《みょうじょういん》　最御崎寺《ほつみさきじ》（東寺《ひがしでら》）　真言宗豊山派

高知県室戸市室戸岬町４０５８−１
０８８７−２３−００２４

ご本尊　虚空蔵菩薩
ご真言　のうぼう　あきゃしゃ　きゃらばや　おん　ありきゃ　まりぼり　そわか
ご詠歌　明星の出でぬる方の東寺　くらき迷いはなどかあらまし

二十四番から三十九番までは、「土佐・修行の道場」。その最初の札所。

大同2年（807）唐から帰朝した弘法大師は、嵯峨天皇の勅願により伽藍を建立し、虚空蔵菩薩を刻んで、本尊とした。嵯峨天皇はじめ、歴代天皇のご信仰も厚く足利時代には土佐の安国寺に定められ、以後各武将の寄進により大寺となったが、のち衰退した。元和年間（1615〜23）最勝上人により再興された。真言密教の道場として女人禁制の寺であったが明治5年解禁となった。

二十六番金剛福寺が「西寺《にしでら》」と呼ばれるのに対し、「東寺《ひがしでら》」と呼ばれる。ふもとにある「御蔵洞《みくらどう》」もしくは「御厨人窟《みくろど》」は弘法大師19歳の時、虚空蔵求聞持法を修めた所で大師の『三教指帰《さんごうしいき》』に「土州室戸岬に勤念《ごんねん》す。谷　響きを惜しまず。明星来影す。心に感ずる時は明星口に入り　虚空蔵光明照らし来たりて　菩薩の威を顕《あらわ》し　仏法の無二《むに》を現す」とある。

山門までの途中に「捻り岩」という洞窟がある。大師が修行中に会いに来た母・玉依御前がここまで登ったとき、にわかに荒天となり一歩も進むことが出来なくなった。これに気づいた大師が駆けつけ、巨岩を捻ってその中に母を避難させたという大師ゆかりの名跡。
○民主党　管直人氏が平成16年7月に一番から二十四番まで歩き遍路。24日にこの宿坊に宿泊した。
金色の色紙に「体感　体得」と揮毫。
○安国寺――夢窓疎石の勧めにより足利尊氏・直義兄弟が聖武天皇の国分寺制にならって、全国60余州毎に一寺一塔の建立を行い仏舎利を奉納したもの。寺を「安国寺」、塔を「利生塔」と称した。
目的は、
①南北朝の争乱における戦死者の霊を弔うこと
②新興の禅宗の勢力を利用して民心の収攬を図ること
足利氏の勢力が衰微するにしたがい衰微し、廃絶したものも多い。

第二十五番　宝珠山《ほうしゅざん》　真言院　津照寺《しんしょうじ》　真言宗豊山派

高知県室戸市室津２６５２—イ
０８８７—２３—００２５

ご本尊　延命地蔵菩薩（楫取地蔵）
ご真言　おん　かかかび　さんまえい　そわか
ご詠歌　法《のり》の舟入《い》るか出づるかこの津寺《つでら》　迷う我身をのせてたまえや

大同2年（807）弘法大師が海で働く漁師のために大漁と安泰を祈って延命地蔵尊を刻み本尊として寺を建立したに始まる。

室津港のすぐ近くにあり、朱塗りの山門をくぐると右手に大師堂、急な108段の石段を登ったところに、本堂がある。石段の中ごろに鐘楼が頭上にある。地元では「津寺」とも呼ばれている。『旧記南路史』の記述によると慶長年間、藩主山内一豊（1546～1605）が室戸の沖を航行中、にわかに暴風雨となり船が転覆寸前となった。その時、一人の僧が忽然と現れ船の舵をとり、無事に室津港に避難入港させた。港に着いて僧の衣から滴りおちた水の跡をたどると、津寺の本堂の中に消えた。ご本尊を拝すると、全身潮水でびしょぬれで、その僧は本尊の身代わりと分かった。それ以来「楫取地蔵《かじとり》」と呼ばれる。また、『今昔物語』には津照寺の本堂が火災にあった時、本尊の地蔵が僧に身を変えて村人に知らせ火難を免れたとの説話が記されている。海上安全の守り本尊として海で働く人々の信仰を集めている。また火難除けの信仰も厚い。

参道の横手、山の中腹に「一木神社」。寛文年間（1661～72）土佐藩家老野中兼山の命により室津港の改修を行った普請奉行一木権兵衛は、港の入口をふさぐ巨岩（お釜岩）除く工事に難行し、一命を海神に捧げることを誓ってやっと成功した。その完成後に切腹し誓いを守った。

村人は、その徳をたたえこの社におまつりし、今日も参詣者が絶えない。寺の境内に「お釜岩」の一部がある。

第二十六番　龍頭山《りゅうずざん》　光明院
金剛頂寺（西寺《にしでら》）　真言宗豊山派

高知県室戸市室戸町元乙523
0887—23—0026

ご本尊　薬師如来
ご真言　おん　ころころ　せんだり　まとうぎ
　　そわか
ご詠歌　往生に望みをかくる極楽は
　　月のかたむく西寺の空

第二十四番最御崎寺の東寺《ひがしでら》に対し、西寺《にしでら》と呼ばれる。弘法大師の青年時代の修行の地でもあり、大同2年（807）平城天皇の勅願にて薬師如来を刻み堂宇を建立のところ、お堂が完成すると薬師如来自らがその扉を開いて堂内に入り、鎮座されたと伝えられる。創建当時は「金剛定《じょう》寺」といわれ女人禁制とされていた。嵯峨天皇が「金剛頂寺」の勅額を奉納したところから改

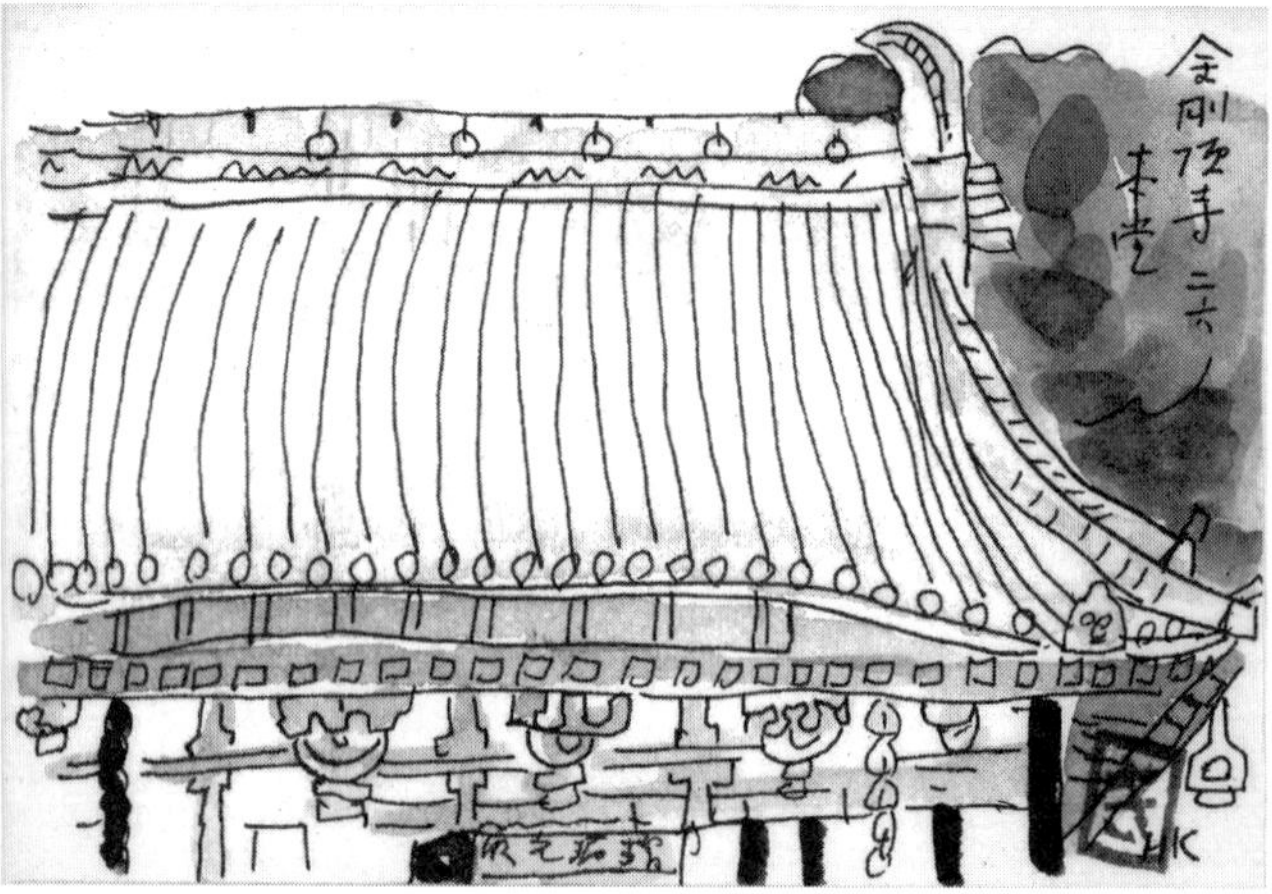

名した。淳和天皇も勅願所とし、住職も十世まで勅命で選ばれていた。

寺領3500石の大寺だったが、数度の火災にあい、大師堂以外は明治以降の再建。寺宝としては、大師遺品の「金剛旅壇具《こんごうたびだんぐ》」、「両部大経」、「浮彫八祖像」など重文7点、仏画類など170点ほど。（霊宝館）

大師堂の前に「一粒万倍の釜」がある。大師がお米を一粒炊いたところ、一万倍になって人々の飢えを救ったと言う。

本堂右側に「捕鯨八千頭精霊供養塔」が立つ。檀家の一人である元太洋漁業取締役の「泉井守一」氏が一代で捕獲した鯨の供養塔。また鯨の博物館「鯨昌館」も寄進。それにちなんで「くじら寺」とも呼ばれる。

本尊は秘仏で、毎年大晦日より正月8日までご開帳される。

駐車場の広場からの眺めは絶景。寺への石段の右の売店で売っているアイスクリンも美味でお遍路さんに人気。
○智光上人廟――第2世智光上人は、世に隠れたる行力の聖人と讃えられ、弘法大師が高野山で入定されたと知るや、後を慕って当寺にて入定したと伝えられる。その御廟の周囲には、秋になると天然記念物の奴草が繁茂する。

第二十七番　竹林山　地蔵院　神峯寺《こうのみねじ》
真言宗豊山派

高知県安芸郡安田町唐浜２５９４
０８８７―３８―５４９５

ご本尊　十一面観世音菩薩（伝 開基　行基菩薩 作）
ご真言　おん　まか　きゃろにきゃ　そわか
ご詠歌　みほとけのめぐみの心神峯《こうのみね》
　　　　山も誓いも高き水音

お四国の中でも屈指の難所。土佐・修行の道場の関所寺。海抜６３０ｍの山頂近くに位置する。（バス遍路は、ふもとのドライブイン27よりタクシーに分乗して、山頂へ向かう。）

神功皇后の三韓征伐にあたり、勅命にて天照大神他の諸神を祀ったのが神峯神社の始まり、後に、聖武天皇の勅命をうけた行基菩薩が天平２年（７３０）に十

一面観世音菩薩を刻んで本尊として合祀した。大同4年（809）弘法大師が伽藍を建立し二十七番札所とした。

明治の神仏分離令によって神峯神社のみが残り、本尊は金剛頂寺に移され廃寺となっていたが、明治20年間崎天龍師が竹林龍円尼と力をあわせ、中興され、今日に至っている。（本尊は秘仏）

境内の鐘楼の傍らに「神峯の水」という霊泉が湧く。納経所に伝説の「食わずの貝」がある。大師の所望した貝を堅くて食えないとことわったところ、本当に堅くて食えない貝になったとか。

愛知県の水谷繁治さんの妻しづさんは長年の脊髄カリエスに苦しみ、大学病院でも見放されたが、この峯にて霊験を得て全快した。その次第は奉納の報恩の碑に詳しい。水谷夫妻は、昭和31年、六番安楽寺の本尊薬師如来も寄進している。

三菱王国を築いた岩崎弥太郎の母は、幕末の頃、弥太郎の開運を祈願して21日の間、20km離れた「井ノ口」から神峯寺に日参した。大成した弥太郎は、それを知り、後に山林を寄進し報恩感謝したという。

第二十八番　法界山《ほうかいざん》　高照院　大日寺　真言宗智山派

高知県香南市野市町母代寺４７６
０８８７—５６—０６３８

ご本尊　大日如来
ご真言　おん　ばざら　だとばん（金剛界）
ご詠歌　露霜《つゆしも》と罪を照らせる大日寺　などか歩みを運ばざらまし

天平年間、聖武天皇の勅願により行基菩薩が4尺8寸の大日如来を刻んで本尊として開基。弘仁6年（815）弘法大師が、留錫し楠の大木に爪で薬師如来を彫られこれを祀って復興された。これは「爪彫薬師」と呼ばれ首から上の病に霊験ありという。本尊大日如来のご縁日28日にちなみ、二十八番札所に定められた。

隆盛を誇り、慶長年間（1596~1615）からは土佐藩の祈願所となったが、明治の神仏分離令により廃寺となった。本尊は「大日堂」と改称した本堂に安置していたため救われ、明治17年に再興された。

本尊「大日如来」は高さ約145cmの寄木造りで四国最大級。脇持の平安後期の作である「聖観音立像」（172cm）は、智証大師作と伝えられ、共に重文指定。

楠の霊木の「爪彫薬師像」は奥の院とされたが明治初めの台風で倒れ、跡地にお堂を建てて霊木として安置している。この霊木は首から上の病に霊験あるとされる。

大師堂は昭和57年に改修。大師像は土佐2代目藩主山内忠義公の寄贈。

駐車場から道路を渡り、急な山道を150m、さらに山門から石段を上り向かって右本堂、左に大師堂。近くに「龍馬歴史館」あり、スカイラインで「龍河洞」にも。

第二十九番　摩尼山　宝蔵院　国分寺
真言宗智山派

高知県南国市国分５４６
０８８―８６２―００５５

ご本尊　千手観世音菩薩
ご真言　おん　ばざらたらま　きりく　そわか
ご詠歌　国を分け宝を積みて建つ寺の
　　　　末の世迄《まで》の利益《りやく》残せり

聖武天皇の勅願により、行基菩薩が千手観世音菩薩を刻み本尊として天平13年（７４１）創建。

弘法大師が弘仁６年（８１５）頃巡錫し毘沙門天像を刻み奥の院に安置された。その際、「星供（招福・除災の星祭）の秘法」を勤修された。以来、星供の根本道場といわれ、この寺の大師像は「星供大師」と呼ばれている。

幾たびかの兵火に遭遇しているが、本堂は永禄元年

（1558）長宗我部国親・元親によって再建された。（重文）

仁王門は明暦元年（1655）土佐2代藩主山内忠義公の寄進で豪壮な二層造り。

寺には、2体の木造薬師如来、梵鐘（共に重文）があり、境内地全域が史跡指定を受けている。

杉苔の美しい庭園が広がり「土佐の苔寺」ともいわれる。

寺の東1kmのところに国府跡があり、土佐日記の紀貫之が赴任したところで、土佐の政治文化の中心地であった。

第三十番　百々山《どどざん》　東明院《とうみょういん》　善楽寺　真言宗豊山派

高知県高知市一宮しなね2丁目23—11
088—846—4141

ご本尊　阿弥陀如来
ご真言　おん　あみりた　ていせい　からうん
ご詠歌　人多くたち集まれる一ノ宮　昔も今も栄えぬるかな

大同年間（806〜10）に弘法大師が堂宇を建立、一の宮の別当寺として三十番札所と定めた。しかし、明治の廃仏毀釈によって一の宮は土佐神社となり、善楽寺は廃寺となってしまい、本尊、大師像は国分寺に預けられた。

明治9年に本尊を安楽寺に遷座し、三十番札所を復興した。昭和4年当地の人々の尽力で、国分寺より大師像を迎え、善楽寺を再興した。一時、混乱したが、昭和39年善楽寺を開創霊場、安楽寺を「本尊奉安霊場」とし2ヶ寺を札所と定めたが平成6年1月1日より善楽寺を三十番札所に統一し、安楽寺を三十番霊場奥の院として今日に至っている。

大師堂は大正時代の建立。大師像は「厄除大師」として知られる。

境内に弘法大師作といわれる「子安地蔵」や首から上の病や悩みにご利益ある「梅見地蔵」（文化13年・1816）がある。

第三十一番　五台山《ごだいざん》　金色院《こんじきいん》　竹林寺《ちくりんじ》　真言宗智山派

高知県高知市五台山３５７７
０８８―８８２―３０８５

ご本尊　文殊菩薩
ご真言　おん　あらはしゃ　のう
ご詠歌　南無文殊三世《みよ》の仏の母ときく　我も子なれば乳《ち》こそほしけれ

聖武天皇が霊夢の中で、唐の五台山に登り、文殊菩薩を拝し三解脱の法門を授けられた。そこで、行基菩薩に命じて日本にもこれに似た霊地があるはずと探させた。行基菩薩は神亀元年（724）よく似た山容をこの地に見い出し、梅檀の木に文殊菩薩を刻んで創建したのが始まり。

大同年間（806～10）に弘法大師が巡錫し伽藍を補修するとともに、三十一番札所と定めた。その後歴代藩主の帰依厚く、祈願所として隆盛した。禅僧夢窓国師が行基菩薩を慕って2年有余止住し、中国の蓬莱山をかたどった庭園を造った。（国指定の名勝）

本尊の木造騎獅文殊菩薩坐像および侍者像（重文）は日本最古の五台山文殊五尊像、他にも宝物館には重文の仏像十七体が収蔵されており、木造十一面観音立像など藤原時代から室町時代の仏像が多い。本堂も重文。総高32ｍの朱塗りの五重塔もあざやか。県内きっての文化財の宝庫である。

○五重塔――昭和55年の建立。高さ31・2ｍ、総檜造り、鎌倉時代初期の様式で県内唯一の五重塔。

よさこい節の「坊さん　かんざし　買うを見た」ゆかりの寺。竹林寺の脇坊である「妙高寺」にいた「純信」が近くに住む「おうま」にかんざしを買い与え、それがうわさとなり二人は関所を破って駆け落ちするも、すぐ捕まってしまった。結局「おうま」は、地元で平凡な結婚をしたが、「純信」は伊予へ流されたという。その妙高寺跡地は現在、植物学者の牧野富太郎氏の記念館と植物園になっている。

第三十二番

八葉山《はちようざん》 求聞持院《ぐもんじいん》
禅師峰寺《ぜんじぶじ》 真言宗豊山派

高知県南国市十市3084
088―865―8430

ご本尊 十一面観世音菩薩
ご真言 おん まか きゃろにきゃ そわか
ご詠歌 静かなるわがみなもとの禅師峰寺
浮かぶ心は法《のり》の早船

行基菩薩が巡錫の折、海上安全を祈ってお堂を建てたのが始まりで、その後大同2年（807）弘法大師が留錫して、十一面観音を刻んで安置し、この山が印度の補陀落山に似て八葉の蓮台の形をしているところから、山号を八葉山とした。また、行基菩薩が開いた峰の寺というところから禅師峰寺と名づけ霊場に定めた。大師が求聞持法を修したところから求聞持院といわれる。

土佐初代藩主山内一豊公はじめ歴代の藩主の帰依を受け、海上の交通安全を祈願して建立されたところから「船魂《ふなだま》の観音」といわれ今でも漁民の篤い信仰を集めている。地元では「峰寺」と呼ばれる。

仁王門の金剛力士像は鎌倉時代の仏師定朝の作で重文。

寺宝：梵鐘　徳治３年（１３０８）の銘
　　　鰐口《わにぐち》　永禄13年（１５７０）の銘

第三十三番　高福山　高福院　雪蹊寺《せっけいじ》

臨済宗妙心寺派

高知県高知市長浜857—3
088—837—2233

ご本尊　薬師如来
ご真言　おん　ころころ　せんだり　まとうぎ
　そわか
ご詠歌　旅の道うえしもいまは高福寺
　　のちのたのしみ有明の月

弘仁6年（815）に弘法大師が開基。その頃は少林山高福寺と称し真言宗の寺。

弘法大師作の座像が現存。

その後、仏師運慶・湛慶親子のゆかりで「慶運寺」に改めた。ご本尊薬師如来、脇持の日光・月光菩薩は運慶の作。毘沙門天と脇侍の吉祥天女・善膩師童子《ぜんにしどうじ》は湛慶の作（いずれも重文）

後に寺は荒廃したが、月峰上人が住職になると、長宗我部元親の厚い庇護により中興する。慶長4年（1599）元親が没すると後を継いだ四男盛親は、長宗我部家の菩提寺とし元親の法号「雪蹊恕三大居士」から「雪蹊寺」と改め、元親の宗旨の臨済宗に改宗した。（月峰を中興開山とする）

明治の廃仏毀釈で廃寺となったが、明治12年再興。

○南学発祥の道場――朱子学南学派の祖というべき天室《てんしつ》僧正はこの寺の住職、弟子の谷寺中の門下に小倉三省と野中兼山が出た。

○歌詠み幽霊の伝説――月峰が当地を訪れるとこの寺に幽霊がでるとのうわさが立っていた。うわさを確かめようと、荒れた寺に泊まってみると、夜もふけた頃、泣き叫ぶ声が境内に響きわたった。その声は歌を詠み始め「水も浮世をいとうころかな」と下の句を詠み、上の句が出来ないと泣き叫ぶのである。次の夜も同様なので「墨染めを洗えば波も衣きて」と上の句を詠むと、泣き叫ぶ声は聞こえなくなったという。その話を聞いた元親が月峰を住職に頼み再興したという。

○信親《のぶちか》の墓――長宗我部元親の長男。豊臣秀吉の九州征伐に従い、豊後で家臣700人と討ち死にした。

第三十四番　本尾山《もとおざん》　朱雀院《すざくいん》　種間寺《たねまじ》　真言宗豊山派

高知県吾川郡春野町秋山72
088―894―2234

ご本尊　薬師如来（重文）
ご真言　おん　ころころ　せんだり　まとうぎ　そわか
ご詠歌　世の中にまける五穀のたねまでら　深き如来の大悲《たいひ》なりけり

敏達《びたつ》天皇の6年（577）四天王寺造営のため百済から来日していた仏師、寺匠が帰国の途中、暴風雨に会い秋山の港に寄港した。そして海上安全を祈願して刻んだのが薬師如来で、本尾山の頂に安置された。やがて弘仁年間に弘法大師がその薬師如来を本尊として諸堂を建て開創、中国から持ち帰った五穀の種子（米・麦・粟・きび・豆またはひえ）を蒔いたのが寺名の由来。

天暦年間（947～57）には村上天皇から「種間」の勅額を賜り、近世に入っては、土佐藩主山内公の保護も厚く、田畑、山林などの寄進をうけた。

明治の廃仏毀釈で廃寺となったが、同13年に再興。

「安産の薬師」として有名で、妊婦は柄杓を持って寺へ詣でる。寺では、その柄杓の底を抜き、三日間の安産祈願をしてお札と共に柄杓を返す。妊婦は床の間に柄杓を飾り、無事出産後は柄杓を寺に奉納することになっている。そのため底の抜けた柄杓が寺に集まっているという。

（底の抜けた柄杓の意味は、「通りが良くなる⇒安産」に通じる）

第三十五番　医王山　鏡池院《きょうちいん》　清瀧寺《きよたきじ》　真言宗豊山派

高知県土佐市高岡町丁568—1
088—852—0316

ご本尊　厄除薬師如来（重文）
ご真言　おん　ころころ　せんだり　まとうぎ　そわか
ご詠歌　澄む水を汲めば心の清瀧寺　波の花散る岩の羽衣

養老7年(723)行基菩薩がこの地で霊気を感得して薬師如来を刻み、開基。「景山密院《けいざんみついん》・繹木寺《たくもくじ》」と名づけた。弘仁年間弘法大師が巡錫し本堂から北へ300mの山中で壇を築き、五穀豊穣を祈願して閼伽井権現と龍王権現に7日間の修法を行った。満願の日、金剛杖で壇を突くと清水が湧き出て鏡のような池となったという。そこで、現在の山号、院号、寺号に改めたという。

○「不入《いらず》の森」——平城天皇の第3皇子高岳《たかおか》親王は出家して弘法大師の弟子となり真如《しんにょ》と名のったが、貞観3年(861)入唐の前年に当寺を訪れ逆修塔をたてた。既に高齢で死を覚悟の入唐で「私がインドで果てても、魂はこの五輪塔の下に帰って永く寺を守り、多くの人を救う」という意味のことばを刻んで旅立った。唐からインドを目指すも、ラオスで虎に襲われて果てたという。

○高岳親王(真如)——平城天皇の第三皇子で平城天皇が皇位を弟の嵯峨天皇に譲位した時、皇太子となった。だが先帝と通じて権勢を振るった藤原薬子の「薬子の乱」に連座し皇太子の座を奪われ仏門に入った。法名は真如で、弘法大師の10大弟子の一人。

○戒壇めぐり——本堂前の薬師如来像の台座の中が真っ暗になっている。薬師如来のご真言を唱えながら一周する。

第三十六番　独鈷山《とっこうざん》　伊舎那院《いしゃないん》　青龍寺《しょうりゅうじ》　真言宗豊山派

高知県土佐市宇佐町竜１６３
０８８―８５６―３０１０

ご本尊　波切不動明王

ご真言　のうまく　さんまんだ　ばざらだん　せんだ　まかろしゃだ
そわたや　うんたらた　かんまん

ご詠歌　わずかなる泉にすめる青龍は　仏法守護の誓いとぞきく

弘法大師は、入唐し青龍寺の恵果和尚の下で真言の秘法を悉く伝授され、その後継者として真言8祖となった。その恩に報いるため一宇を建立しようとご誓願を発し、有縁の地を求めて唐から独鈷杵を東へ投げた。

帰朝後、弘法大師は、四国巡錫の折、当地山上の老松に独鈷杵が留まっているのを発見し、嵯峨天皇に奏上、唐西安の青龍寺にちなんで寺名とし一寺を建立した。

ご本尊は、入唐の際、暴風雨に遭い沈没寸前になった時、弘法大師が一心不乱に祈念すると不動明王が現れて暴風雨を鎮めた。そのことから、石造の不動明王を刻んで安置し、本尊とした。

本尊は「波切不動明王」と呼ばれ、海で働く人々の信仰が特に深く、近海はもとより遠洋漁業に出港する船の乗組員一同が安全祈願にやってくる。

○宇佐の渡し――昭和49年に浦の内湾の入口に宇佐大橋がかかるまでは渡し船で遍路も横浪半島に渡っていた。弘法大師も渡し船で渡り、その時案内した8人の船頭の子孫が代々その役割を受け継いできたという。

○愛染明王坐像（木造）――不動明王と一対に祀られ重文

第三十七番　藤井山　五智院　岩本寺　真言宗智山派

高知県高岡郡四万十町茂串町3—13
0880—22—0376

ご本尊及び、ご真言

不動明王　のうまくさんまんだ　ばざらだん　せんだ　まかろしゃだ
そわたや　うん　たらた　かんまん

観世音菩薩　おん　あろにきゃ　そわか
阿弥陀如来　おん　あみりた　ていせい　からうん
薬師如来　おん　ころころ　せんだり　まとうぎ　そわか
地蔵菩薩　おん　かかかび　さんまえい　そわか
ご詠歌　六《む》つのちり五《いつ》つの社《やしろ》あらわして　ふかき仁井田《にいだ》の神のたのしみ

天平年間に聖武天皇の勅を受けた行基菩薩が仁王経の七難即滅・七福即生の心で宝福寺、長福寺など七ヶ寺を建てたことに始まる。仁井田明神の傍らにあったことから、「仁井田七福寺」と総称されていたという。後に弘法大師が巡錫し五社五寺からなる「福円満寺」を増建し、星供秘法の修法を行い、不動・観音・阿弥陀・薬師・地蔵の5本尊を祀った。

「仁井田五社十二福寺」と称し嵯峨天皇の勅願所となった。

天正の兵火でことごとく炎上したが、時の足摺山主・尊快法親王が弟子の尊信に命じて現在地に再建、「岩本寺」と改称した。

明治の廃仏毀釈で廃寺となるも同23年再興された。
○本堂内陣の格《ごう》天井は全国から公募した575枚の絵で飾られている。（昭和53年新築）
○七不思議の伝説――子安櫻・三度栗（1年に3度実る）・口なし蛭・さくら貝（磯の貝がはなびらになった）・筆草・尻なし貝・戸たてずの庄屋

第三十八番　蹉陀山《さだざん》・足摺山
補陀落院　金剛福寺　真言宗豊山派

高知県土佐清水市足摺岬214―1
0880―88―0038

ご本尊　三面千手観世音菩薩
ご真言　おん　ばざらたらま　きりく
ご詠歌　ふだらくやここはみさきの船の棹《さお》
　　　とるもすつるも法《のり》の蹉陀山《さだざん》

弘仁年間（810〜823）に弘法大師がこの地を巡錫して千手観世音菩薩を感得し、この地が四国の最南端にあるところから補陀落世界（観世音の理想の世界）の地として朝廷に奏上し、嵯峨天皇より「補陀落東門」の勅額を賜り、弘仁13年（822）伽藍を建立、三面千手観音を刻み安置し「金剛福寺」と名づけた。（脇佛は、不動明王と毘沙門天）

以後、勅願所として皇室の尊信厚く、また源氏一門

も帰依し、源満仲は清和天皇追福のため多宝塔を、源頼光は、渡辺綱に命じて諸堂を修復している。

戦国時代以降、海の彼方の補陀落浄土を信仰して、一人で小舟を漕ぎ出す「補陀落渡海」が盛んだったことや一条氏、山内藩主の支えで寺運は隆盛した。

○三面千手観音――本面の左右に脇面が付き、高さ1・6mの檜寄せ木造り

○「7不思議」という弘法大師にちなんだ伝説が岬突端をめぐるようにある。

①天灯の松　②竜灯の松　③ゆるぎ石　④潮の干満の手洗石　⑤亀よび場　⑥地獄の穴　⑦天狗の鼻

○当山は、国定公園足摺岬にあり、境内3万600坪余（12万平方メートル）の大道場。

○弘法大師開創時の山号は「月輪山」。その後、金峰上人が天魔を法力で退けた伝説により改号。

○泉式部の逆修塔――多宝塔の後方にあり、黒髪を埋めたとか。

第三十九番　赤亀山《しゃっきざん》　寺山院《じさんいん》　延光寺　真言宗智山派

高知県宿毛市平田町中山390
0880—66—0225

ご本尊　薬師如来
ご真言　おん　ころころ　せんだり　まとうぎ　そわか
ご詠歌　南無薬師諸病悉除《しつじょ》の願こめて　詣《まい》るわが身をたすけましませ

神亀元年（７２４）聖武天皇の勅命で行基菩薩が安産・厄除けを祈願して薬師如来を刻み、本尊として安置し、堂塔を建立したのが始まり。当初は、薬師の瑞相《ずいそう》にちなんで「亀鶴山《きかくざん》　施薬院　宝光寺」と称し、本尊の胸中に行基菩薩感得の仏舎利を秘蔵したと伝えられている。

延暦年間に、弘法大師がしばらく留まり、桓武天皇の勅願所として再興し、日光、月光の両菩薩を脇佛として安置し堂塔を整備した。このとき大師が錫杖で地面を突いて湧き出た霊水を「宝医水」と名づけられた。それは、本堂横に眼病に霊験あるとされる「目洗い井戸」として今日に残っている。

大きな赤海亀が竜宮からの奉納と言われる梵鐘を背負ってきたと伝える鐘には、延喜11年（９１１）の年号が刻まれ、国の重要文化財になっている。それ以後「赤亀山・延光寺」と改めた。それにちなんで納経朱印も亀。第20番鶴林寺の鶴の朱印とセットにして、白衣に押してもらっているお遍路も多い。

○赤亀伝説――延喜11年（９１１）境内の池に棲んでいた赤亀がしばらく姿を消した。この亀は海で竜宮城をさまよっていたらしく、背に銅の梵鐘を背負って帰ってきた。僧たちは、これを寺に奉納して山号、寺号を改めたという。「延喜11年正月・・・」の銘が刻まれ高さ33・6㎝口径23㎝。明治のはじめ高知県議会の開会と閉会の合図に打ち鳴らされていたともいわれる。（重文）

○高林玄秀の石碑――江戸前期、延宝８年（１６８０）建立。36度の四国遍路をした高林玄秀のもの。

○大赤亀の石碑――竜宮城伝説を象徴して仁王門をくぐった右手にある。
赤い大きな亀が背中に梵鐘を乗せた姿。

第四十番　平城山《へいじょうざん》　薬師院　観自在寺《かんじざいじ》

真言宗大覚寺派

愛媛県宇和郡愛南町御荘平城2253—1
0895—72—0416

ご本尊　薬師如来　（伝　開基　弘法大師　作）
ご真言　おん　ころころ　せんだり
まとうぎ　そわか
ご詠歌　心願や自在の春に花咲きて
浮世のがれて住むやけだもの

大同2年（807）平城《へいぜい》天皇の勅願所として弘法大師が創建、平城天皇はその後この寺に行幸し、「平城山」の勅額をおくり、山号の由来となっている。

弘法大師は、一本の霊木から本尊薬師如来、脇佛の阿弥陀如来、十一面観世音菩薩の三体を刻まれ、残りの霊木で舟形の南無阿弥陀仏の名号を刻まれた。この宝印は大師が諸人の病根を除くことを祈願したものと

いわれ、病気平癒に霊験があるとされる。

平城、嵯峨の両帝は親しく行幸され、ご朱印を下し一切経や大般若経を納められ、毎年勅使が遣わされて、護摩供の秘法が修せられた。そこでこの地を「御荘《みしょう》」と呼ぶようになった。また勅額の山号にちなんで「平城《ひらじょう》」ともよぶようになった。往時は七堂伽藍が整い四十八坊の末寺を有し、寺領2千数百石を給せられたという。寛永15年（1638）大覚寺の空性法親王《くうしょう》が四国巡拝の際に泊まられ、「薬師院」の院号を授かっている。その後、火災のためすべて灰塵に帰し、延宝6年（1678）宇和島藩主伊達宗利の祈願所として本堂、大師堂が再興された。昭和34年子供の火遊びにてこの建物も焼失したが、ご本尊、ご宝印は無傷で助かっている。

一番霊山寺よりもっとも遠い位置にあるところから「四国霊場の裏関所」として万民の尊宗を受ける、伊予の国「菩提の道場」の一番札所。

○薬子の変――平城天皇は、病弱のためわずか3年にして嵯峨天皇に譲位しなければならなかった。その頃、天皇は藤原薬子を寵愛していた。薬子は故中納言藤原縄主《ただぬし》の妻として三男二女があったのにかかわらず、長女が皇太子時代の天皇の後宮に入ると、薬子自身も女房になりだれはばからず宮廷の実権をにぎった。天皇が退位した後、兄仲成とともに天皇をそそのかし、復位を図ったが未然に発覚し、嵯峨天皇によって鎮圧されてしまった。薬子は自殺、仲成敗死。
平城天皇は、この寺で剃髪し、その髪を納めたという五輪の塔が本堂横に立っている。弘仁12年には弘法大師から灌頂を授けられた。また皇太子の高岳親王は出家して真如と改めた。（弘法大師10大弟子の一人）

第四十一番　稲荷山　護国院　龍光寺
真言宗御室派

愛媛県宇和島市三間町大字戸雁１７３
０８９５—５８—２１８６

ご本尊　十一面観世音菩薩
ご真言　おん　まか　きゃろにきゃ　そわか
ご詠歌　この神は三国流布の密教を
　　　　守り給わむ誓いとぞ聞く

四国霊場中唯一の神仏同居のお寺。

別名「三間《みま》のお稲荷さん」と呼ばれ商売繁盛や開運出世を願う人が多い。三間平野を見下ろす小高い丘の上にある。

大同２年（８０７）２月初午の日、弘法大師はこの地へ巡錫すると稲束を背負った白髪の老翁に出会った。老翁は「我この地に住み、仏法を守護し諸民を利益せん」と告げて姿を消した。弘法大師は、この老翁こそ

五穀豊穣をもたらす大明神と悟り、稲荷大明神の尊像を刻み、「稲荷山龍光寺」と号し四国霊場の総鎮守とした。この時、本地仏の十一面観世音菩薩と脇持として不動明王、毘沙門天も造像して一緒に安置した。（お稲荷さんは、五穀を支配する神として農村では古くから信仰され、江戸時代になると、武家や商人が開運を祈願するようになる。また密教の吒枳尼《だきに》真天《しんてん》は狐が神格化されたものといわれ、神仏習合されるようになった。）

その後、人々から稲荷寺として信仰されたが、明治の廃仏毀釈で旧本堂は「稲荷社」となり、これまで稲荷の本地佛であった十一面観世音菩薩が本尊となった。

今も、参道入口に鳥居があり、正面階段を登りつめたところが稲荷社で、本堂は参道途中の左手に、大師堂は右手にある。

第四十二番　一《いっ》粿《か》山《ざん》　毘盧舎那院《びるしゃないん》　佛木寺《ぶつもくじ》

真言宗御室派

愛媛県宇和島市三間町字則1683
0895—58—2216

ご本尊　大日如来（伝　開基　弘法大師　作）
ご真言　おん　あびらうんけん　ばざらざとばん
ご詠歌　草も木も仏になれる佛木寺　なお頼もしき鬼畜人天《きちくにんてん》

大同2年（807）この地を巡錫していた大師は、牛を引いた老翁に出会い、すすめられるままにこの牛に乗った。すると近くの楠の大樹の梢にひとつの宝珠がかかっているのを発見した。この宝珠は大師が唐から帰朝する時に、有縁の地を選ばれるようにと三鈷とともに東へ向けて投げた宝珠であった。大師は、この地こそ霊地であると直感し、楠で大日如来を刻み、その眉の間に宝珠を納めて本尊として、堂宇を建立した。

また、草字体で書写した『般若心経』と『華厳経』一巻を奉納したと伝えられる。一裸の宝珠が縁で建てたところから、山号を一裸山、楠の大木で本尊を刻んだところから佛木寺と号した。

その因縁から、牛馬安全の守り仏とされ、境内には家畜慰霊塔も建つ。

○本尊大日如来――鎌倉時代の墨書銘があり、1・2mの寄木造り。背面に大師作の小像が胎内に納められているとの墨書がある。

○弘法大師像――「奉造営弘法大師御影像　正和四年十月五日御開帳」と胎内銘。（大師堂）胎内銘の入った大師像としては日本最古といわれる。正和4年は鎌倉末期（1315）

○本堂――享保13年（1728）吉田藩2代目藩主伊達若狭守により建立。

第四十三番　源光山《げんこうざん》　円手院《えんじゅいん》　明石寺《めいせきじ》

天台寺門宗

愛媛県西予市宇和町明石201
0894―62―0032

ご本尊　千手観世音菩薩
ご真言　おん　ばざらたらま　きりく　そわか
ご詠歌　聞くなら千手の誓いふしぎには
　　　　大盤石もかろくあげ石

6世紀半ば、欽明天皇の勅願により円手院正澄《せいちょう》上人が唐からの渡来仏である千手観音を安置して堂宇を建立したのがはじまり。のち天平6年（734）役の行者より5代目の寿元《じゅげん》行者が紀州熊野より十二社権現を勧請して12坊を建立し修験道場として栄えた。

やがて弘仁13年（822）弘法大師が巡錫して荒廃した伽藍をみて嵯峨天皇に奏上、勅命を得て金紙金泥《きんしきんでい》の『法華経』を納め、伽藍を再興して霊場に定められ

た。鎌倉時代に入り再び荒廃した伽藍を建久5年（1194）源頼朝が恩人である池の禅尼の菩提をとむらって阿弥陀如来像を奉納し、五輪宝塔の経塚を築いて堂宇を再興した。そして山号を「現光山」から「源光山」に改めている。

以後、武士の帰依篤く室町時代には領主西園寺家の祈願所として、江戸時代は、宇和島藩主伊達家の祈願所となり末寺は70余を数えた。

明石寺は、古くは「あげいしじ」と読み、ご詠歌に詠われるように千手観音の化身の龍女が願をかけ深夜に大石を持ち上げて運んだ由来による。(通称「あげいし」さん)

境内の「時雨の桜」は、寛永年間に大覚寺の空性《くうしょ》法親王が来られた時、庭の樹の根元だけに霧がかかり雨が降ったので名づけられたという。

四十三番から四十四番への途中に「十夜ヶ橋」がある。宿を断られた大師が橋の下で野宿せざるを得なかったが寒さのあまり一夜が十夜の如く感じられた故事による。以来、遍路は、橋を渡る時は、杖を突かなくなった。

第四十四番　菅生山《すごうざん》　大覚院　大寶寺《だいほうじ》　真言宗豊山派

愛媛県上浮穴郡久万高原町菅生１１７３
０８９２―２１―００４４

ご本尊　十一面観世音菩薩
ご真言　おん　まかきゃろにきゃ　そわか
ご詠歌　今の世は大悲のめぐみ菅生山　ついには弥陀の誓いをぞまつ

その昔、朝鮮・百済の僧が十一面観音を捧持して来日し、この山中に安置していたのを、大宝元年（７０１）

安芸から来た明神右京・隼人という狩人の兄弟が発見、草庵を結んで安置した。文武天皇は、この奏上を聞き勅命を出して寺院を創建され、元号にちなんで「大寶寺」と号した。（霊場唯一の年号を寺号とした寺。）弘仁13年（822）弘法大師が、密教を修法されて、四国霊場の「中札所」と定めた。（これを機に天台宗から真言宗に改宗）

創建より450年後の仁平《にんぺい》2年（1152）一山焼失したが、保元年間（1156~58）には後白河法皇が病気平癒を祈願されて全快したため、伽藍を再建し、妹宮を住職として下向させ、勅願寺とした。このときに「菅生山」の勅額を賜り、盛時には、山内に48坊という大寺となった。この妹宮は、当寺でなくなられたので、堂宇と五輪の塔を建てて、「姫宮の陵権現《みささごんげん》」として、参道横にまつられている。

天正年間（1573~92）長宗我部軍の兵火で伽藍は再び焼失、松山藩主の寄進で再建された。江戸中期には松平家の祈願所にもなった。

寛保元年（1741）の飢饉の折には、久万の農民3000人が一揆を起こし藩主に抵抗したが、時の住職斎秀の説得によって一人の断罪者もなく帰順させた。それにより寺録150石を加増し、松山藩主松平家の祈願所となった。

天明7年（1787）土佐藩の農民一揆「紙漉き一揆」に際しては、農民が大寶寺に逃げ込み、土佐藩は住職と折衝せねばならぬほど寺の権威は高かった。

明治7年（1874）三度目の火災に遭い、以後代々の住職が再建に努めている。

○参道入口には、大師を温かく接待した老女「くま」の「おくま大師堂」がある。所在地の地名「久万高原町」は、この「おくまさん」の由来からという。
○芭蕉塚──芭蕉33回忌の法要を営んだ際に建立
○種田山頭火の句碑──「朝まいりはわたくし一人の銀杏《いちょう》ちりしく」
○1994年6月1日久万高原天体観測館が直径11kmの小惑星を発見、2005年4月7日国際天文学連盟の審査を経て「大寶寺（Daihouji）」と命名された。
○四十四番が八十八ヶ所の真ん中にあたるところから、別名「へそ寺」。へそにあやかった「健康腹巻」は、健康で合格を祈る受験生や長寿の縁起物として人気。

第四十五番　海岸山　岩屋寺　真言宗豊山派

愛媛県上浮穴郡久万高原町七鳥1468
0892－57－0417

ご本尊　不動明王
ご真言　のうまくさんまんだ　ばざらだん　せんだ　まかろしゃだ　そわたや
うん　たらた　かんまん

ご詠歌　大聖《だいしょう》のいのる力のげに岩屋　石のなかにも極楽ぞある

弘仁6年（815）弘法大師が巡錫のみぎり、すでにこの山には不思議な神通力をもつ土佐の国生れという女性の仙人・法華仙人がいた。この仙人は、弘法大師の修法に帰依し、全山を献上した。大師は、不動明王の木像と石像の2体を刻み、木像は本堂へ、石像は岩窟に祀り全山を本尊不動明王として護摩修法された。そして「山高き谷の朝霧　海に似て、松吹く風を　波にたとえむ」と詠じて「海岸山　岩屋寺」と名付け四十五番霊場とした。

時宗の開祖・一遍上人が鎌倉時代の中期に弟子聖戒を伴って参籠・修行したことは、「一遍上人聖絵《ひじりえ》」に描かれている。

いつの頃からか、四十四番大寶寺の奥の院として輪番管轄されてきたが明治7年第一世の住職が晋山した。だが明治31年、仁王門、虚空蔵堂を残して全山焼失。

大正9年大師堂、昭和2年本堂、9年山門、27年鐘楼が再建されている。

昭和19年11月国の名勝に、同39年3月県立自然公園に指定されている。

○穴禅定――本堂に向かう石段の下にあり、大師が掘られたという「独鈷の霊水」が湧いている。
○バス遍路にとっては、タクシー利用もできない最大の難所、片道30分は参道を登らなければならない。山門より266段の階段。
○本堂から600m上にある「逼割《せりわ》り禅定」は大師修行の行場、頂上に白山権現が祀られている。

第四十六番　医王山　養珠院《ようじゅいん》　浄瑠璃寺　真言宗豊山派

愛媛県松山市浄瑠璃町282
089—963—0279

ご本尊　薬師如来
ご真言　おん　ころころ　せんだり　まとうぎ　そわか
ご詠歌　極楽の浄瑠璃世界たくらえば　受くる苦楽は報いならまし

和銅元年（708）行基菩薩が奈良の大仏開眼に先立ち四国を巡錫の折、この地が仏法布教の適地と感得して、伽藍を建立し、白檀の木で本尊薬師如来、脇仏の日光・月光両菩薩、さらに十二神将を刻んで安置した。薬師如来のおられる瑠璃光浄土にちなんで「浄瑠璃寺」の寺名とし山号も別名の医王如来にちなみ「医王山」とした。

約100年後の大同2年（807）唐から帰朝した弘法大師が来錫し、伽藍を再興して霊場に加えられた。

室町時代に荏原城主平岡道倚《みちより》が病気平癒を祈願したところご利益あって全快したので、感激し寺塔を再興するが、江戸時代の正徳5年（1715）山火事で延焼し、本尊・脇侍以外は焼失した。

この後、復興に苦労したが、庄屋から住職になった僧尭音（ぎょうおん）が全国を勧進のため行脚し、焼失後70年の天明5年（1785）本堂、その他の堂宇が再建された。僧尭音は、社会事業家でもあり岩屋寺から松山市にいたる土佐街道に8つの橋を架けている。

○境内の伊吹柏槇《いぶきびゃくしん》は、樹齢約1000年で市天然記念物

○遍路の元祖とされる衛門三郎の屋敷跡（別格第九番　大法山　文殊院　徳盛寺《とくじょうじ》）が近くにある。

○門前に正岡子規の句碑「永き日や　衛門三郎　浄瑠璃寺」がある。

第四十七番　熊野山　妙見院　八坂寺《やさかじ》　真言宗醍醐派

愛媛県松山市浄瑠璃町八坂７７３
０８９―９６３―０２７１

ご本尊　阿弥陀如来（伝　恵心僧都 作）
ご真言　おん　あみりた　ていせいから　うん
ご詠歌　花を見て歌詠む人は八坂寺　三仏じょうの縁とこそきけ

役行者小角によって開かれ、大宝元年（７０１）文武天皇の勅願寺として伊予の国司越智《おち》玉興《たまおき》が創建。伽藍を建てるのに際し8か所の坂道を切りひらき、道をつけたので八坂寺の寺号がついた。

（栄える「いやさか」にも由来）

弘仁6年（８１５）弘法大師が留錫し荒廃した堂宇を整え、霊場に定めた。

本尊阿弥陀如来は、比叡山の恵心僧都源信の作と伝えられる。

その後、紀州熊野権現、十二社権現を祀って「熊野八坂寺」とも呼ばれ、修験道の根本道場となり、境内に12坊、末寺48ヶ寺と隆盛を極めた。

しかし、天正の兵火や度重なる火災で縮小、現在は、本堂、大師堂、十二社権現堂、鐘楼、本坊のみとなった。（現在の本堂、大師堂は明治になっての再建）

本尊、及び脇仏の毘沙門天立像は鎌倉時代の作で重文。（秘仏で50年に一度のご開帳、次は２０３４年）

○住職は、修験道場であったため、代々八坂家の世襲で現在まで１２０代続く。
○宝筐印塔――鎌倉時代の石造層塔、納経所前の庭園にある寺宝
○閻魔堂――本堂と大師堂の間、「極楽の途」（浄土の絵）、「地獄の途」（餓鬼道・畜生道・修羅道の絵）がある。
○平成17年柴燈護摩道場も建立、毎年4月29日に柴燈大護摩供火渡り修行が厳修され修験道が復興された。
○文殊院得盛寺《とくじょうじ》――近くにあるこの寺は、衛門三郎の屋敷跡と伝えられている。その近くの田んぼの中には衛門三郎の子供の墓といわれている八塚がある。

第四十八番　清滝山《せいりゅうざん》　安養院　西林寺《さいりんじ》　真言宗豊山派

愛媛県松山市高井町１００７
０８９―９７５―０３１９

ご本尊　十一面観世音菩薩
ご真言　おん　まか　きゃろにきゃ　そわか
ご詠歌　弥陀仏の世界を尋ね行きたくば　西の林の寺に詣れよ

天平13年（741）聖武天皇の勅願によって行基菩薩が徳威の里に、国司の越智玉純（たまずみ）と共に一宮別当寺として開基。本尊十一面観世音菩薩を刻んで本尊とした。大同2年（807）弘法大師が、巡錫し、国司の越智実勝《さねかつ》と協議して西南の方向の現在地に寺を移して再興し、霊場に定めた。（国家の安泰を祈願する道場）

この頃、村は旱魃で苦しんでおり、大師は錫杖を突いて水脈を見つけた。それが寺より西南30mにある「杖《じょう》の淵《ふち》」で昭和60年の「全国の名水百選」にも選ばれている。

江戸・寛永年間（1624〜44）に火災で堂塔を焼失。元禄13年（1700）に一部を再建、宝永4年（1707）中興の祖、覚栄法印により本堂・鐘楼堂を再建、江戸末期に大師堂、仁王門を復興。（平成20年大師堂新築）

○道路より境内が低く、罪ある者が門を入ると無間地獄に落ちるといわれる伊予の関所寺。

○ていれぎ――寺の前を流れる内川の付近に自生する水草の一種。芳香を放ち地元では刺身のツマとして珍重される。（市の天然記念物）

○正岡子規の句碑――「秋風や　高井のていれぎ　三津の鯛」

○寺宝――「四国偏禮繪圖」宝暦13年（1763）の刊行。最古の四国遍路絵図

「四国霊場記」明治24年（1891）の刊行

第四十九番　西林山《さいりんざん》　三蔵院　浄土寺

真言宗豊山派

愛媛県松山市鷹子町１１９８
０８９―９７５―１７３０

ご本尊　釈迦如来（伝　行基菩薩　作）
ご真言　のうまく　さんまんだ　ぼだなん　ばく
ご詠歌　十悪のわが身を棄てずそのままに
　　　　浄土の寺へまいりこそすれ

天平勝宝年間（７４９～５７）孝謙天皇の勅願寺として、恵明《えみょう》上人が、行基菩薩の作と伝えられる釈迦如来像を本尊として開創。法相宗の寺だったというがその後、弘法大師が、荒廃していた伽藍を整え、真言宗に改宗した。

盛時は寺内八丁四方、66坊の末寺を持つほどであった。

平安時代中期の天徳年間（９５７～61）、空也上人が

この寺に3年留錫、寺を去るに当たり村人がせめて姿なりでも留められるようにと、懇願したので自像を刻んで残したという。(重文)
(痩せて腰の曲がった身に鹿の皮を皮衣にしてまとい、鹿角杖をつき、鉦をたたきながら行脚し、口元から6体の阿弥陀小化仏を吐いている姿・121・5cm木造)
鎌倉時代の建久3年(1192)源頼朝が一門の繁栄を祈り堂塔を修復するも、応永23年(1416)の兵火で焼失、文明13年(1481)領主河野通宣《みちのぶ》によって再建された。本堂は、その時のもので、単層寄せ棟づくり和唐様折衷の代表作として、内陣厨子とともに重文指定。
○三蔵院――浄土宗の開祖法然上人(円光大師)・2世聖光上人・3世良忠上人の3人の自作像があったところから三蔵院と呼ばれている。(昭和20年の松山空襲により出開帳の寺で全焼)
○空也上人像が安置されているのは、国内二体のみ。あとは西国十七番札所六波羅蜜寺

第五十番　東山《ひがしやま》　瑠璃光院　繁多寺《はんたじ》　真言宗豊山派

愛媛県松山市畑寺町３２
０８９―９７５―０９１０

ご本尊　薬師如来
ご真言　おん　ころころ　せんだり　まとうぎ　そわか
ご詠歌　よろずこそ繁多なりとも怠らず　諸病なかれと望み祈れよ

天平勝宝年間（749～57）孝謙天皇の勅願により行基菩薩が開基、三尺の薬師如来を刻んで本尊とした。当時の寺号は「光明寺」であったが、のち、弘法大師が巡錫し、堂塔を整えて「東山繁多寺」と改称し、第五十番霊場とした。

その後、さびれたが、伊予国司・源頼義（988～1075）や僧尭蓮《ぎょうれん》の援助で再興した。弘安2年（1279）後宇多天皇の蒙古襲来退散の祈願の勅命をうけて聞月《もんげつ》上人がこの寺で祈祷をしたと伝えられる。

時宗の開祖である一遍上人も、この寺で修行され、「捨聖」として遊行の後、正応元年（1288）亡父・如仏の追善のため浄土三部経を奉納している。

応永2年（1395）京都泉湧寺第26世・快翁和尚《わじょう》が後小松天皇の勅命で第7世住職となり、以後高僧が住職を務めた。

江戸時代は、徳川家の帰依を得て、4代将軍家綱は念持仏3体のひとつである歓喜天を当寺に祀るなど、66坊末寺100余という大寺として栄えた。（本堂左、鳥居の奥に聖天堂）

○一遍上人（1239～89）――時宗の開祖。伊予の名門河野一族の河野道広の次男として生まれ、10歳で出家、大宰府の聖達上人の弟子となって修行した。父・道広も出家し如仏と称した。全国を遊行して念仏三昧に生涯を送り、「遊行上人」「捨聖」と呼ばれた。亡父のため浄土三部経を奉納した翌年、兵庫の観音堂（真光寺）で没す。（51歳）「生ぜじもひとりなり　死すもひとりなり」の名句を残す。

○地元では「畑寺《はたでら》」と呼ばれ町名となっている。

第五十一番　熊野山　虚空蔵院　石手寺《いしでじ》　真言宗豊山派

愛媛県松山市石手2丁目9―21
089―977―0870

ご本尊　薬師如来
ご真言　おん　ころころ　せんだり　まとうぎ　そわか
ご詠歌　西方をよそとは見まじ安養の　寺に詣りて受くる十楽

「衛門三郎《えもんさぶろう》再来の石」伝説で有名な寺

神亀5年（728）伊予の太守越智玉純《たまずみ》が霊夢に二十五菩薩の降臨を見て、この地を霊地と感得、熊野十二社権現を祀り鎮護国家の道場として開創、聖武天皇の勅願寺となった。翌年（天平元年）、行基菩薩が本尊として薬師如来を刻んで開基し法相宗「安養寺」と称したが、弘仁4年（813）弘法大師が巡錫し、真言宗に改め霊場とした。石手寺と改称したのは、寛平4年（892）の衛門三郎再来の伝説によるとされる。

平安時代の末には七堂伽藍が整い、鎌倉時代の末（文保～元弘）には河野氏によって堂塔が再建された。（立体的な曼荼羅形式の伽藍配置）

本堂（五間四面入母屋造り）・仁王門・三重塔は文保2年（1318）頃の建築、鐘楼堂は元弘3年（1333）・梵鐘は建長3年（1251）の作。

（仁王門は国宝、後は重文）

○正岡子規の句――「南無大師　石手の寺よ　稲の花」

明治28年、極堂と共に石手寺を訪れ、名物の草もちを食べ、大師堂の縁に腰をかけ何気なく拾ったおみくじが、二十四番凶と書かれたものだった。病気の子規は、「自らわが身にひしひしとあたりたるも不思議なり」と『散策集』に記している。

○衛門三郎の石――寺宝として宝物館に展示。また、境内には弘法大師と三郎の石像があり、三郎はへたりこんで手をつき全身で大師にすがり付こうとしている。死の寸前に弘法大師にめぐりあったときの姿という。

○訶梨帝母天堂《かりていもてんどう》　鎌倉末期　重文――境内奥にあり、子供を守る鬼子母神を祀ってある。妊婦はこの小石を持ち帰り無事出産すると石を2つにして返す慣わしがあるので、お堂の前は小石の山が出来ている。

第五十二番　龍雲山　護持院　太山寺《たいさんじ》
真言宗智山派

愛媛県松山市太山寺町1730
089—978—0329

ご本尊　十一面観世音菩薩
ご真言　おん　まか　きゃろにきゃ　そわか
ご詠歌　太山にのぼれば汗のいでけれど
　　　　後の世思えば何の苦もなし

6世紀の後半、用明2年（587）に九州豊後の真野長者が高浜沖で暴風雨に会い、日頃信心している観音様を念じると、龍雲山の方から一条の光明が船を照らし、十一面観音のお姿が現れて暴風雨は収った。感激した真野長者は豊後に帰り、工匠を集めて間口66尺、奥行き81尺の御堂の木組みして船積み、一夜のうちに建立したのがはじまりといわれる。（一夜建立の御堂）後に天平11年（739）聖武天皇の勅願により行基

菩薩が十一面観音を刻み本尊とした。その後、弘法大師が護摩供を修し、法相宗であったのを真言宗に改め五十二番札所と定められた。
　その後も皇室の信仰厚く、後冷泉、御三条、堀河、鳥羽、崇徳、近衛の6代にわたる天皇も即位に際して十一面観音を納めている。
　行基菩薩の十一面観音は正面厨子に安置され、その両側に6天皇が納めた像高1・5mの6観音が、安置されている。（重文）
　現本堂は、国宝で真野長者の建立後3度目の建立で鎌倉時代（1305）のもの。嘉元3年（1305）松山城主河野家が寄進。桁行7間、梁間9間の入母屋造り。仁王門も鎌倉時代の再建で、重文。

○最古の木製の納め札――安永9年（1780）の銘
○「聖徳太子堂」――伊予を訪れた太子が来寺。法隆寺夢殿と同じ太子像を祀る。
○「一畑《いちばた》薬師堂」――「め」または「目」の字を歳の数だけ書いて供え、薬師如来のご真言を唱えると眼病平癒の功徳ありとの信仰。（納経所の前あたり）出雲より勧請。
○「三重塔の礎石のひとつ」――新しい亀の子たわしで洗うと痔の痛みが和らぎ完治するとか。（大師堂の近く）
○「ひきひき地蔵」――茶屋の娘を奪い合って力自慢の男が両腕を引っ張り合い、挙句に死に至らしめた。その娘の供養のためのものとか。（山門のそば）

第五十三番　須賀山《すがざん》　正智院《しょうちいん》

圓明寺《えんみょうじ》　真言宗智山派

愛媛県松山市和気町1―182
089―978―1129

ご本尊　阿弥陀如来
ご真言　おん　あみりた　ていせい　からうん
ご詠歌　来迎の弥陀の光の圓明寺《えんみょうじ》
　　　　照りそふ影は夜な夜なの月

天平勝宝《てんぴょうしょうほう》元年（749）聖武天皇の勅願によって行基菩薩が阿弥陀如来と脇侍の観音・勢至の両菩薩を刻み和気の海浜西山に創建、「海岸山・圓明密寺」と名づけられた。後に弘法大師が訪れ、五十三番札所に定めた。

たびたびの兵火で衰微していたのを元和《げんな》年間（1615〜24）に土地の豪族須賀重久《すがしげひさ》が現在地に再興し、山号を「須賀山」と改めた。さらに寛永13年（163

6）京都・御室の覚深法親王の令旨《りょうじ》により仁和寺の直末《じきまつ》として再建され、寺号も「圓明寺」となった。

○四国最古の銅製の納め札――江戸時代初期、慶安3年（1650）の銘があり「四国仲遍路同行二人今月今日京樋口平人家次《ひぐちへいにんいえつぐ》」（京都・五智山・蓮華寺の伽藍を再興し五智如来石仏を造立）と刻まれている。初めて「遍路」の文字が使用された例。

○キリシタン石塔――大師堂の左奥にマリア像を浮き彫りにした石塔（高さ40cmほど）がある。この地方は信者が多く、寺では隠れ信者の礼拝を黙認していたようである。キリシタン禁制の名残り。

○左甚五郎作の龍――本堂の鴨居にあり、5mほどの彫り物。行いの悪い者が見ると目が光るとか。

○大師堂の屋根瓦が意匠に富み素晴らしい。トイレも土蔵の外観で風情。

第五十四番　近見山《ちかみざん》　宝鐘院《ほうしょういん》　延命寺《えんめいじ》
真言宗豊山派

愛媛県今治市阿方甲636
0898―22―5696

ご本尊　不動明王（伝　開基行基菩薩　作）
ご真言　のうまく　さんまんだ　ばざらだん
せんだ　まかろしゃだ　そわたや
うん　たらた　かんまん
ご詠歌　くもりなき鏡の縁とながむれば
残さず影をうつすものかな

養老4年（720）、聖武天皇の勅願で行基菩薩が不動明王を刻み、本尊として近見山の頂上に伽藍を建立したのが始まり。後に嵯峨天皇の勅命により弘法大師が学問と信仰の中心道場として再興、「不動院圓明寺」と号し、五十四番札所とした。

度重なる兵火のたびに堂宇は焼失したが、再興を繰

り返し、享保12年（１７２７）難を免れてきた本尊とともに現在地へ移転された。

明治になって、圓明寺は五十三番と同じ寺名では間違いが多いと江戸時代からの俗称である「延命寺」に変更した。

○梵鐘の伝説――戦乱の合図に使われ、夜になると叩かないのに「いぬる、いぬる」と鳴くので恐れられた。また、松山城に持ち出されそうになって「イヤーン、イヤーン」と鳴くので、置き去りにされた。また、長宗我部元親の兵が船に乗せて沖へ出たところ、自ら海にすべり落ちたとも。近見二郎と呼ばれ、寺の歴史を刻む。

○孫兵衛伝説――庄屋・越智孫兵衛は、池普請の時に、わざと農民に竹筒におかゆを入れさせ、巡視にきた代官に農民の苦しみを訴えて、年貢米を軽くしてもらったため、大飢饉の時も一人の餓死者も出さなかった。（七公三民→六公四民）境内に墓があり8月7日に命日供養。

第五十五番　別宮山《べっくざん》　金剛院・光明寺　南光坊　真言宗醍醐派

愛媛県今治市別宮町3丁目1
0898—22—2916

ご本尊　大通智勝《だいつうちしょう》如来
ご真言　南無大通智勝佛《なむだいつうちしょうぶつ》
（おん　まか　びじゃに　やじゃにゃのう　びいぶう　そわか）

ご詠歌　このところ三島に夢のさめぬれば　別宮《べつぐう》とても同じ垂迹《すいじゃく》

大宝3年（703）文武天皇の勅願により伊予の太守越智《おち》玉澄《たまずみ》が瀬戸内海の大三島に大山祇（おおやまづみ）神社を建立した際、24坊の別当寺を建てたのが始まりといわれる。翌々年参拝者の便宜を図るため、別宮を対岸に移した。

和銅元年（708）行基菩薩がその内8坊を「日本総鎮守三島の御前」と称し奉祭、弘法大師もこの別当寺で御修法し霊場に定めた。後の「天正の兵火」で焼失し、南光坊だけが別宮の別当寺として再興された。（行基菩薩を開基とする）

慶長5年（1600）には藤堂高虎の祈祷所として薬師堂を再興、次の久松藩からも信仰を受けている。

明治の廃仏毀釈により本地仏の大通智勝如来、脇侍の弥勒菩薩、観世音菩薩などを社殿から南光坊本堂に移し分離独立したが、昭和20年8月の戦災で本堂、薬師堂を焼失、大師堂と金毘羅堂が残された。昭和56年本堂、平成3年薬師堂、平成10年山門が再建されている。

本尊は、大日如来の異形。『法華経』の「化城瑜品《けじょうゆほん》」に説かれる釈迦如来が出現する前の過去7仏のひとつ。

山門の四天王像は平成14～15年に納入されたもので、地元松山の仏師の作。（石田嵩治　77歳・松山市菅沢／平成14年）

第五十六番　金輪山《きんりんざん》　勅王院《ちょくおういん》　泰山寺《たいさんじ》　真言宗醍醐派

愛媛県今治市小泉1—9—18
0898—22—5959

ご本尊　地蔵菩薩（伝　開基　弘法大師 作）
ご真言　おん　かかかび　さんまえい　そわか
ご詠歌　みな人の詣りてやがて泰山寺　来世の引導たのみおきつつ

弘仁6年（815）弘法大師がこの地に巡錫したとき、丁度、梅雨のため蒼社川《そうじゃがわ》が氾濫して農民たちが苦しんでいた。大師は、村人を集め、堤防を築き「土砂加持」の秘法を行った。すると満願の日に空中に地蔵菩薩を感得したので、大師は早速、2尺4寸（80㎝）の地蔵菩薩を刻み、本尊として堂宇を建立。『延命地蔵経』十大願の第一「女人泰産《にょにんたいさん》」にちなんで「泰山寺」と名づけ第五十六番の霊場とした。

また、秘法を修したところに、松を植え「忘れずの松」と名づけた。（鐘楼の傍に、3代目といわれる松がある）

その後、天長元年（824）には淳和天皇の勅願所となり七堂伽藍を整え、十坊を持つ大寺となったが、たびたびの兵火に規模が段々小さくなり、金輪山の山頂から麓の現在地（忘れずの松の場所）に移築された。

第五十七番　府頭山《ふとうざん》　無量寿院　栄福寺　高野山真言宗

愛媛県今治市玉川町八幡甲２００
０８９８―５５―２４３２

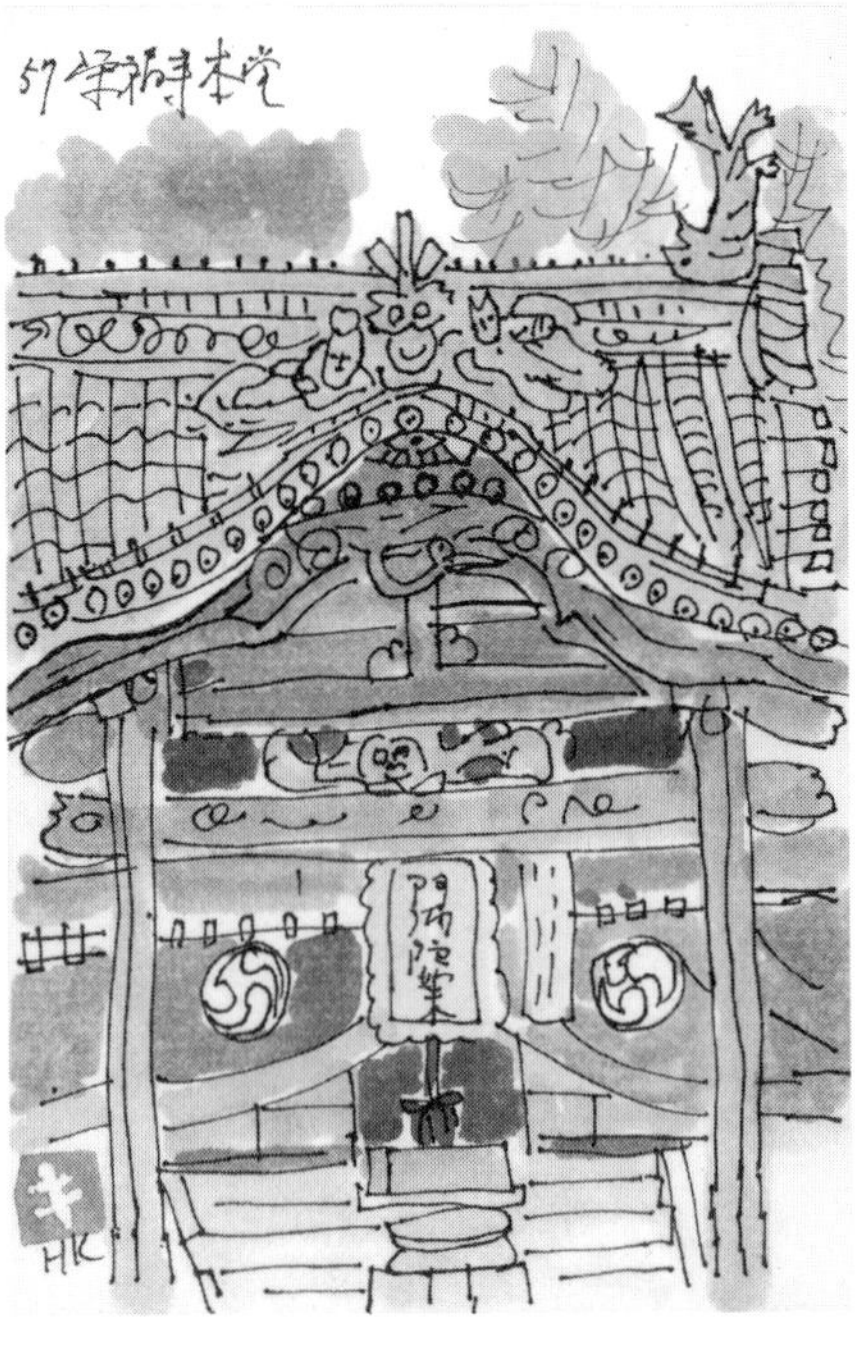

ご本尊　阿弥陀如来
ご真言　おん　あみりた　ていせいから　うん
ご詠歌　この世には弓矢を守る八幡《やはた》なり　来世は人を救う弥陀仏

弘仁年間（810~24）嵯峨天皇の勅願寺で弘法大師の開基。

弘法大師が巡錫の折、この地方に海難事故がしばしば起こるのを哀れに思い、海神供養の護摩供を修法されると、満願の日に阿弥陀如来が海上に出現した。この尊像を本尊として、府頭山の山頂に堂宇を建立したのが、始まり。このことを聞かれた嵯峨天皇が勅願寺にされた。

貞観《じょうがん》元年（859）大和・大安寺の行教《ぎょうきょう》上人が宇佐八幡の霊告を受けて、分社を山城の男山に創建することとなり、宇佐に渡る途中、暴風雨に会い、この地に漂着した。ところが、この山が男山に良く似ており、本尊阿弥陀如来は八幡大菩薩の本地仏でもあるところから、お寺の境内に社殿を造って神仏合体の勝岡八幡宮を創建した。この八幡宮は「伊予の石清水八幡宮」とも呼ばれ、海上安全、福寿増長の祈願所として信仰を受けていたが、明治の神仏分離令によって、寺は山頂の社殿から分離し、中腹の現在地に移転、大師堂は、山頂の堂舎を移築したもの。

○寛政12年（1800）の納経帖――九州からお参りに来た人の名で「八幡宮別当栄福寺」と記されている。（約3ヶ月で一巡）

○奉納箱車――昭和8年足の不自由な15歳の少年が、犬に引かせて巡拝した箱車で、この寺で足が治り、松葉杖と共に奉納。

第五十八番　作礼山《されいざん》　千光院　仙遊寺《せんゆうじ》　高野山真言宗

愛媛県今治市玉川町別所甲４８３
０８９８—５５—２１４１

ご本尊　千手観世音菩薩
ご真言　おん　ばざら　たらま　きりく
ご詠歌　たちよりて作礼の堂にやすみつつ　六字を唱え経を読むべし

天智《てんじ》天皇の勅願により伊予の国守・越智守興が堂宇を建立し、海から上がってきた龍女が、天皇の念持仏として彫った千手観音を本尊として安置したのが始まり。山号は、龍女が一刀三礼して本尊を刻んだところから「作礼山」と号し、寺号は養老2年（718）この山で40年間修行していた阿坊《あぼう》仙人が突然雲のように消えたという伝説から「仙遊寺」と名付けられた。

弘仁年間弘法大師が巡錫の折、当地にとどまり修法され、病に苦しむ人々を救済しようと井戸を掘り、伽藍を修復した。

以後、寺運大いに栄えるも、江戸時代には荒廃して、本堂と十二社権現だけとなっていたが、明治初期、宥蓮《ゆうれん》上人が再興に尽力した。（日本最後の即身成仏として明治4年に生きながら土中入定、境内に供養の五輪の塔）

昭和22年の山火事で全焼、ご本尊と大師像は信者たちの努力で難を逃れた。（昭和28年再建）

○お寺の近くに「犬塚池」がある。栄福寺と仙遊寺を兼務していた住職に忠実につかえた犬の塚がある。ある時、合図の鐘を両寺が同時に鳴らしたため、犬が迷ってこの池で亡くなったという。池の名前もその犬にちなむ。

○トイレは、現住職自慢のトイレ。「西浄《せいじん》」の額（「せいじょう」「せいちん」とも。）禅用語で便所のこと。（平成9年完成）

○「お加持の井戸」――仁王門を入って左に弘法大師が病に苦しむ人々を救おうと、錫杖で地面を突くと湧き出たと言われる井戸がある。

○八十八ケ所お砂踏――大師像の周りを1周する

○龍燈桜碑――千手観音を彫った龍女は、毎年旧暦の7月9日になると川を上りやって来て、桜の木に竜燈をかけたという。その桜の跡にある石碑

第五十九番　金光山《こんこうざん》　最勝院《さいしょういん》　国分寺　真言律宗

愛媛県今治市国分4丁目1—33
0898—48—0533

ご本尊　薬師瑠璃光如来
ご真言　おん　ころころ　せんだり　まとうぎ　そわか
ご詠歌　守護のため建ててあがむる国分寺　いよいよめぐむ薬師なりけり

天平13年（741）聖武天皇の勅願により、行基菩薩が開創、七堂伽藍が整備され、諸国の国分寺に比べ豪壮な構えであった。第3世智法《ちほう》律師のときに弘法大師が長らく留錫し、「五大尊明王」の絵像一幅を奉納し、弟子・真如も2年間滞留し法華経の一部を書写して納めた。その後4度の兵火に会い衰微していたが、寛政元年（1789）43世の恵光上人が本堂を再建、その後諸堂が再建された。

○四度の兵火　①天慶《てんぎょう》2年（939）「藤原純友《すみとも》の乱」
②元暦《げんりゃく》元年（1184）「源平合戦」
③貞治《じょうじ》3年（1364）「讃岐・細川頼之《よりゆき》の兵火」
④天正年間（1573〜92）「長宗我部元親の兵火」

元禄2年（1689）寂本著『四国徧禮《へんろ》霊場記』には「茅葺きの小堂が寂しく建つのみ」と記されている

○唐椿《とうつばき》——伊予の十大椿のひとつ。4月中旬に17cmほどの牡丹に似た花をつける。

○国分寺遺跡——現在地より東へ150mにあり、東塔跡とみられる遺跡には13個の巨大礎石がある。（国史蹟）配置などから推測される七重塔の高さは60mほどで、往時の豪壮さがうかがえる。

第六十番　石鉄山《いしづちざん》　福智院　横峰寺《よこみねじ》

真言宗御室派

愛媛県西条市小松町石鎚甲２２５３
０８９７—５９—０１４２

ご本尊　大日如来（伝　弘法大師　作）
ご真言　おん　あびらうんけん　ばざらだとばん
ご詠歌　たてに横に峰や山辺に寺たてて
　　　　あまねく人を救ふものかな

伊予の関所寺

白雉《はくち》２年（６５１）役行者小角が星ガ森で修行中に石鎚山頂に蔵王権現が示現した。そこで小角はその尊像を石楠花の木に刻み小堂を建立して安置したのが始まりといわれる。弘法大師が巡錫の折、厄除けのため星ガ森で星供を修され、寺から14km離れた石鎚山に21日間日参された。結願の日再び蔵王権現が示現したので、当山を霊山と思われ、大日如来を刻んで本尊とし、

霊場に定めた。

その後、神仏習合によって、石鎚山の別当寺となっていたが、明治の廃仏毀釈により廃寺となった。

しかし壇信徒の協力で明治42年復興した。

本堂には本尊大日如来、脇侍に石鎚蔵王権現と石仙《しゃくせん》菩薩、左右に左大臣と右大臣が安置されている。

○石仙菩薩——石鎚山の興隆者で、延暦年間に桓武天皇の脳病加持するとたちどころに全快され、お礼に御幣《ごへい》を献上されている。後年、脳病に霊験あらたかな菩薩と呼ばれ、現代に至り、脇侍として祀られている。

○大師修行の山——弘法大師24歳時の著作『三教指帰』の中で「或時は石峯《いしづちのたけ》に跨って粮《かて》を絶ち（断食）轗軻《かんか》（苦行練行）たり」と修行の様子を書いている。

○石楠花——本堂から大師堂までの山際一面に植えてある。5月上旬から見頃。

○星供大師——本堂左手前、右手に剣、左手に星供の巻物を持つ。

第六十一番　栴檀山《せんだんざん》　教王院　香園寺《こうおんじ》　真言宗御室派

愛媛県西条市小松町南川甲19
0898―72―3861

ご本尊　大日如来
ご真言　おん　あびらうんけん　ばざらだとばん
ご詠歌　後の世を思えば詣れ香園寺　止めて止まらぬ白滝の水

用明天皇の御世に天皇の病気平癒を祈って皇子である聖徳太子が創建。

このとき、金衣白髪の老翁が現れて、大日如来を安置したという。そして天皇から「教王院」の勅号を賜った。

天平年間（729〜49）には、行基菩薩も留錫、大同年間（806〜10）に、弘法大師が順錫されたとき、難産で苦しんでいる婦人を加持祈祷された、すると無事男の子を出産した。この勝縁により大師は唐から持ち帰った大日如来の金像をご本尊の胸に納め、栴檀の香を焚いて安産・子育て・身代わり・女人成仏を祈る「四誓願」の護摩修法をされ、霊場に定めた。これにちなんで、栴檀山と号した。

その後、長宗我部元親の「天正の兵火」で灰塵に帰し、衰退の一途を辿り明治の初めは廃寺寸前だったが、明治36年、住職になった山岡瑞園《ずいえん》師が大正3年に本堂を再興、同7年には「子安講」を創始し、昭和23年1月に遷化されるまでに20万人の講員を獲得した。

また、この間、子安中学を昭和15年に創設し、教育にも力をそそいだ。こうした活躍により、寺は復興し大伽藍となった。

○大聖堂――昭和51年建立の鉄筋コンクリート造、1階は講堂、2階は本堂と大師堂、正面に本尊大日如来、脇に不動明王、子安大師を安置、その右に大師堂、620余の椅子席となっている。
○子安大師――大聖堂の右手前。背中にゴザ、右手に錫杖、左手に赤ん坊を抱いたお姿。

第六十二番　天養山　観音院　宝寿寺《ほうじゅじ》
高野山真言宗

愛媛県西条市小松町新屋敷甲428
0898―72―2210

ご本尊　十一面観世音菩薩
ご真言　おん　まか　きゃろにきゃ　そわか
ご詠歌　さみだれのあとに出でたる玉ノ井は
　　　　白坪なるや一ノ宮かわ

天平年間（729〜49）聖武天皇の勅願で、諸国に一の宮を造られたとき、この近くに伊予の一の宮神社が建てられ、大和の道慈《どうじ》律師が勅命にてその別当寺として創建。（場所は、中山川下流の白坪と伝わる。）

天皇は「金光明最勝王経」を奉納、寺名は「金剛宝寺」と称した。大同年間（806〜10）弘法大師が留錫し、聖武天皇のお后光明皇后の姿をかたどり十一面観世音菩薩像を刻み本尊とし、寺名を「宝寿寺」と

改めて霊場とした。また、この頃、国司越智氏の夫人が難産で苦しんでいたので境内に井戸（玉ノ井）を掘り、その水を加持して夫人に与えたところ男の子を安産したので、「玉澄」と命名された。それ以来安産の観音様として信仰を集めた。

洪水のため、しばしば被害を受け天養2年（1144）に再建されたので、「天養山」と山号を改名。

天正13年（1585）秀吉の四国征伐の争乱で荒廃したが寛永13年（1636）遍路の行者宥伝《ゆうでん》上人によって現在地に移転、再興されるも、明治の廃仏毀釈により廃寺となった。明治10年、遍路の行者大石龍遍上人によって再建された。

大正10年予讃線開通に伴い西へ100ｍ移転、さらに国道11号線の開通でも境内が削られた。

第六十三番　密教山　胎蔵院　吉祥寺《きちじょうじ》
真言宗東寺派

愛媛県西条市氷見乙1048
0897―57―8863

ご本尊　毘沙門天
ご真言　おん　べいしらまんだや　そわか
ご詠歌　身の中の悪しき悲報を打ちすてて
　　　　みな吉祥《きちじょう》を望み祈れよ

弘法大師が巡錫の折、光を放っている檜を発見され、この霊木で、本尊毘沙門天、脇侍の吉祥天、善膩師童子《ぜんにしどうじ》の3像を刻み安置し、霊場と定めた。

かっては坂元山にあり、塔頭21坊の大寺院であったが、天正13年（1585）の秀吉の四国征伐の戦乱で全山焼失、万治2年（1659）に末寺の檜木寺と合併して現在地に建立された。（予讃線と国道11号線の開通で狭められた）

本堂前に高さ１ｍほどの真ん中に穴のあいた「成就石」があり、目をつぶって金剛杖がうまく入れば願いがかなうとされ、運試しをする遍路が多い。

○四国霊場唯一の毘沙門天の本尊――八角堂に６福神が祀られており、本尊とあわせ７福神となる。

○マリア観音像（寺宝）――高さ30㎝の高麗焼の純白像。

長宗我部元親が土佐沖で難破したイスパニア船サン・クェリッペ号の船長パードレから寄贈されたもので、マリア像とは知らず、観音様として代々伝わった。その後、家臣の秦備前守が秘蔵したが、家族に不幸がつづいたので吉祥寺に預けたという。

第六十四番　石鉄山《いしづちざん》　金色院《こんじきいん》　前神寺《まえがみじ》
真言宗石鉄派（総本山）

愛媛県西条市州之内甲１４２６
０８９７―５６―６９９５

ご本尊　阿弥陀如来（伝　開基　役行者小角　作）
ご真言　おん　あみりた　ていせいから　うん
ご詠歌　前は神後は仏極楽の
　　　　よろずの罪をくだくいしづち

石鎚山（１９８２ｍ）は７～８世紀のころ役小角によって開かれたといわれる日本７霊山のひとつ。天武天皇の頃、山中での修行中、釈迦如来と阿弥陀如来が衆生済度のため石鉄蔵王権現となって姿を現したといわれ、その尊像を刻み安置したのがはじまり。

のち桓武天皇が病気平癒を祈願され成就されたので、七堂伽藍を建立し勅願所と定め「金色院前神寺」の称号を賜った。

弘法大師は若い頃この山で二度修行したことが知られている。天皇の帰依も厚く、江戸時代には西条藩主・松平家の祈願所となるなど隆盛だった。

明治の神仏分離により石槌神社が建立され、前神寺は廃寺となったが、明治10年に鐘楼と大師堂が現在地に移され、22年に復興した。

昭和23年御室派から独立して真言宗石鉄派総本山となり、修験道も独立して修験道の石鉄派総本山となった。

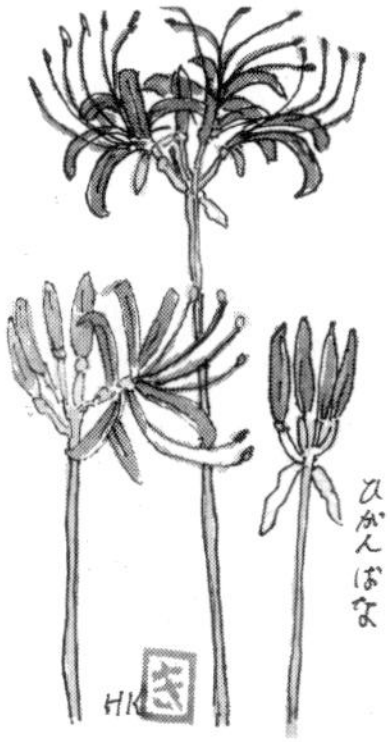

第六十五番　由霊山《ゆれいざん》　慈尊院　三角寺

高野山真言宗

愛媛県四国中央市金田町三角寺甲75

0896―56―3065

ご本尊　十一面観世音菩薩（伝　弘法大師　作）

ご真言　おん　まか　きゃろにきゃ　そわか

ご詠歌　おそろしや三つの角にもいるならば
　　　心をまろく慈悲を念ぜよ

　聖武天皇の勅願により行基菩薩が開基。弘法大師が弘仁6年（815）十一面観世音菩薩を刻まれ本尊とし、さらに不動明王を刻んで、三角形の護摩壇を築いて21日間、国家の安泰、万民の福祉を祈念して「降伏護摩の秘法」を修せられたという。三角寺の寺名はこれに由来する。（境内の三角池がその遺跡）

　嵯峨天皇はご本尊を深く信仰し、寺領300町歩を下賜し、堂塔を造営している。

長宗我部軍の「天正の兵火」により灰塵に帰し、現在の本堂は、嘉永2年（1849）再建という。（昭和46年修復）

ご本尊は子安観音、厄除け観音として信仰されている。（お守りと腹帯）

○子宝杓子《しゃもじ》――子宝に恵まれない夫婦が、寺で杓子を授かり夫婦むつまじく食事をすれば子宝に恵まれるという。子供を授かれば、授かった杓子と新しい杓子を持ってお礼参りに来る。

○仁王門に梵鐘がつるされていて、お寺に入る前に鐘をつくならわし。

○小林一茶の句碑――寛政7年（1795）の句「これでこそ　登りかひあり　山桜」

○三角池――三角護摩壇の遺構が池となり、中の三角形の島に弁財天を祀る小堂がある。

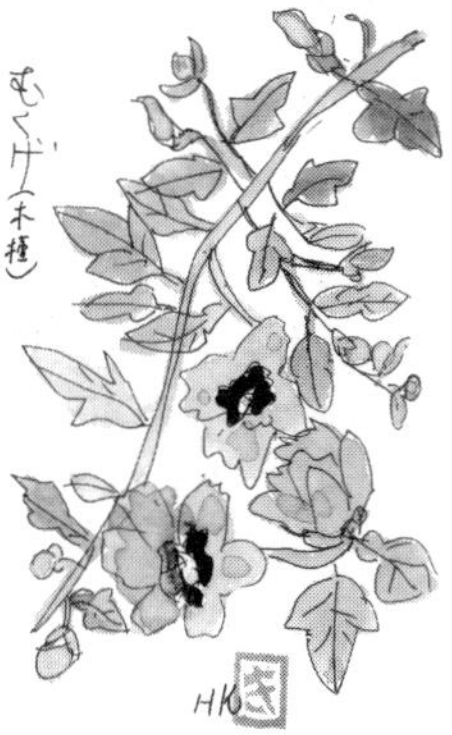

第六十六番　巨鼇山《きょごうざん》　千手院　雲辺寺《うんぺんじ》　真言宗御室派

徳島県三好市池田町白地ノロウチ763―2
0883―74―0066

ご本尊　千手観世音菩薩
ご真言　おん　ばざらたらま　きりく
ご詠歌　はるばると雲のほとりの寺に来て　月日を今は麓にぞ見る

徳島県と香川県の県境に位置し四国霊場中最高の標高９１１ｍの雲辺寺山の頂上にある。雲辺寺口から寺への５・５㎞は遍路ころがしといわれる急勾配の坂道難所で2時間はかかったが、今はロープウエイで7分。（涅槃の道場の一番）

延暦8年（７８９）弘法大師が16歳の折初めて登山され、霊山に心打たれ堂宇を建立したのが始まりとされる。二度目は大同2年（８０７）大師34歳、唐から請来した宝物で秘密灌頂の修法をされたとか。さらに弘仁９年（８１８）大師45歳の折、嵯峨天皇の勅を奉じて登山し、ご本尊を刻み、仏舎利と毘盧遮那法印（仏法石）を山中に納めて霊場に定められた。

貞観年間（８５９～７７）には清和天皇の勅願寺にもなっている。

鎌倉時代には「四国高野」とも言われ、修行僧・学僧が集まる学問道場として栄え、七堂伽藍が整備され12坊末寺8カ寺を有し、阿波、伊予、讃岐の関所寺でもあった。

江戸時代は、阿波藩主蜂須賀公の保護を受け、菩提所ともなった。

○裏山問答――天正年間、土佐の長宗我部元親が登山し、眼下に広がる三国の山河を望み四国併合の志を起こした。そのことをときの住職48代俊崇《しゅんそう》に話した。俊崇は、元親に対し「あなたの器は土佐一国の主だ。それが四国平定の野望を抱くとは、茶釜で水桶の蓋をしようとするのと同じだ。兵を引いて土佐へ帰り、領民を愛するが良い。」と意見した。元親は家臣の谷忠澄に話すと谷は、「仏法のことは住職、兵法のことは武士」と俊崇の意見を非難した。元親の野望は燃え、四国平定へ戦乱は拡大したという。

○おたのみなす――境内に茄子の形をした腰掛がある。願いを込めて「おたのみなす」と腰かけると「成す」と「茄子」は、語呂が同じで努力が報いられて願いがかなうという。

○重文――「本尊・千手観音坐像」「毘沙門天立像」「絹本著色聖衆来迎図《けんぽんちゃくしょくしょうじゅらいごうず》」

○五百羅漢――境内いたるところで五百羅漢の石像が遍路を迎える。釈迦が法華経を説いたとき集まった羅漢が２００人といわれている。

第六十七番　小松尾山　不動光院　大興寺《だいこうじ》　真言宗善通寺派

香川県三豊市山本町辻4209

0875―63―2341

ご本尊　薬師如来（伝　開基　弘法大師 作）

ご真言　おん　ころころ　せんだり　まとうぎ　そわか

ご詠歌　植えおきし小松尾寺《でら》を眺むれば　法《のり》の教えの風ぞふきぬる

天平14年（742）奈良東大寺の末寺として建立されたが、最澄の影響で天台宗となった。さらに火災で焼失した諸堂を弘仁13年（822）嵯峨天皇の勅願により弘法大師が熊野三所権現鎮護の霊場として再興（現在地より1㎞北西）。本尊薬師如来、脇侍の毘沙門天、不動明王ともに弘法大師の一刀三礼の尊像とされる。かつては、真言（24坊）、天台（12坊）両宗の修行道場であったため、弘法大師堂（本堂左）と天台大師堂（本堂右）がある。

天正年間の長宗我部元親の兵火で、本堂を残して焼失、現存堂宇は慶長年間（1596～1615）に現在地に再建されたもの。本堂は寛保元年（1741）の再建。

仁王門から本堂へ行く石段の右手に弘法大師お手植えと伝わるカヤと楠の大木がある。仁王門の金剛力士像は、運慶作と伝わる。

寺宝の「大興寺」の扁額は裏に文永4年（1267）の年号と「従三位藤原朝臣経朝《つねとも》」の銘がある。

○仁王門――八百屋お七で知られる「吉三郎」が遍路中に寄進したとの伝説もある。
○天台大師――中国天台宗の開祖とされる第三世智顗《ちぎ》。その坐像は建治2年（1276）作
○地元では、小松尾寺の名前で呼ばれ、親しまれている。

第六十八番　七宝山《しっぽうざん》　神恵院《じんねいいん》　真言宗大覚寺派

香川県観音寺市八幡町1−2−7
0875−25−3871

ご本尊　阿弥陀如来
ご真言　おん　あみりた　ていせいから　うん
ご詠歌　笛の音も松吹く風も琴弾くも　歌うも舞うも法《のり》のこえごえ

大宝3年（703）法相宗の日証上人が山頂に草庵を結んで修業していた時、西の空が鳴動してあたりが薄暗くなったので、浜に出てみると、一艘の船が浮かんで琴を弾く翁がいた。「われは、八幡大明神なり、宇佐より来る、この地の風光、去りがたしと覚ゆ」とのお告げがあったので、船と琴を山上に引き上げ社殿をつくり「琴弾八幡」と号した。その別当寺として建立した神宮寺が「弥勒帰敬寺《みろくききょうじ》」で現在の神恵院、観音寺の起源とされている。

養老6年（722）行基菩薩が来寺、その後大同2年（807）弘法大師が巡錫した折、琴弾八幡の本地仏である阿弥陀如来像を描いて本尊として安置し、「七宝山　神恵院《じんねいん》」と寺号を改め六十八番の霊場とした。

明治の神仏分離令により「琴弾八幡宮」安置の阿弥陀如来は、観音寺の西金堂に移され琴弾八幡と神恵院とに分離して各々独立した。その阿弥陀仏を神恵院は本尊とした。

○琴弾八幡宮――標高58ｍの琴弾山の頂上にあり明治維新までは六十八番霊場。技芸の神として信仰されている。
○本尊・阿弥陀如来画像――鎌倉時代後半の作。名称「絹本著色琴弾八幡本地仏像」（重文）、上部に来迎阿弥陀三尊像、下方に釈迦三尊像が描かれる。
○新本堂――近年、本堂を新築、移設。境内が神恵院と観音寺とにすっきりと整理された。

第六十九番　七宝山　観音寺《かんのんじ》　真言宗大覚寺派

香川県観音寺市八幡町1―2―7
0875―25―3871

ご本尊　聖観世音菩薩
ご真言　おん　あろりきゃ　そわか
ご詠歌　観音の大悲の力強ければ　おもき罪をもひきあげてたべ

神恵院と縁起は同じく、大宝3年（807）法相宗の日証上人によって開基され、「神宮寺宝光院」と称していたが、大同年間に弘法大師が阿弥陀像を納めたとき第七世となり、南都興福寺にならい中金堂、東金堂、西金堂の制をとり七堂伽藍を造営して、中金堂に聖観音像を刻んで安置し、神宮寺を観音寺と改め第六十九番の霊場とされた。7種の珍宝を埋めて地鎮し山号を七宝山とした。桓武天皇はじめ3代の天皇の勅願所となり、室町時代には、足利尊氏の子・道尊太政大僧正が住職として45年間努めるなど、寺運は隆盛であった。

明治の分離令で西金堂に六十八番の本尊を移座して霊場唯一の一寺二霊場となった。本堂は、朱塗りの柱で重文（室町時代）

○寺宝――①釈迦涅槃像……平安末期の作といわれ国の重要文化財
②絹本着色不動二童子……室町時代の作といわれ国の重要文化財
③金堂本尊厨子……室町時代初期の作といわれ国の重要文化財
④琴弾宮絵縁起……絹本着色、鎌倉時代　国の重要文化財
ほかに県指定の文化財として大日如来座像、薬師如来座像、釈迦如来座像がありこの三尊像は平安時代の作と推定される。

○琴弾公園――観音寺の後ろにあり、琴弾山に登ると眼下に有明海岸が広がり、砂浜に大きい銭形がある。「寛永通宝」の文字が周囲350m、深さ1・5mに渡って掘ってある。寛永10年（1633）讃岐領主生駒高俊がこの地を訪れるというので、付近の漁民が殿様をお慰めするため一夜で作り上げたという。その後は毎年修復してその歴史を今に伝えている。

第七十番　七宝山　持宝院《じほういん》　本山寺《もとやまじ》

高野山真言宗

香川県三豊市豊中町本山甲1445
0875—62—2007

ご本尊　馬頭観世音菩薩
ご真言　おん　あみりとう　どはんば
　　　　うんぱった　そわか
ご詠歌　本山《もとやま》に誰か植江《うえ》ける花なれや
　　　　春こそたをれたむけにぞなる

大同2年（807）平城天皇の勅願により鎮護国家のため弘法大師が開基。

用材を徳島県井ノ内村から伐採し、香川県財田村で組み立て、一夜の内に七間四方の堂宇を建立し、本尊馬頭観音を刻んで安置したのがはじまり。（一夜建立）

脇侍として阿弥陀如来、薬師如来も刻んだ。寺名を「長福寺」とし寺領二千石、24の塔頭を擁した。

馬頭観音が本尊なのは、四国霊場中唯一。

○現本堂は、正安2年（1300）の棟札があり、鎌倉時代後期の建築、昭和30年に国宝指定。和様、唐様、天竺様の折衷。

○五重塔は、大同4年に弘法大師が建立、天暦2年（948）に修理、大正2年に再建。（四国では、三十一番竹林寺・七十五番善通寺・七十六番志度寺と4カ寺）

○仁王門は、円柱からなる珍しい8脚門で久安3年（1147）の建立で重文。（和様、唐様、天竺様の折衷）

○太刀受けの弥陀――天正年間、長宗我部軍の侵入を阻んだ住職は兵に腕を切られたが、翌日住職は無傷で、本堂の阿弥陀如来の腕から血が流れており、それを見た兵は恐れをなして直ちに寺から引き上げ、お寺は難を逃れたという。「天正の兵火」にかからなかった数少ない寺のひとつ。

○馬頭観音――宝冠に馬頭をのせ憤怒相の変化観音。汚水を飲みつくし、草をひたすら食べるようにすべての煩悩や諸悪を降伏させる。

第七十一番　剣五山《けんござん》　千手院《せんじゅいん》　弥谷寺《いやだにじ》　真言宗善通寺派

香川県三豊市三野町大見乙７０
０８７５―７２―３４４６

ご本尊　千手観世音菩薩
ご真言　おん　ばざらたらま　きりく
ご詠歌　悪人と行き連れなむも弥谷寺《いやだにじ》　ただかりそめもよき友ぞきよ

天平年間（729〜49）聖武天皇の勅願により行基菩薩が開基。弥谷山（382m）は、三峰からなるので三朶峯《さんだのみね》ともいわれ、中腹（200m）に寺がある。山からは四国をはじめ備前、備中、備後、安芸の八国が展望できたので、「蓮華山八国寺」と名づけたのが始まり。東の峰に阿弥陀如来、西の峰に釈迦如来を安置し、昔から、死者の霊が還るとされる寺。

弘法大師が7歳のころこの山の岩窟（大師堂奥の院・獅子の岩窟）で修行され、大同2年（807）唐から帰朝した後、再度登山して求聞持の秘法を修していると、空から五柄《ごふり》の剣が降り、金剛蔵王権現のお告げがあったという。それに基づいて千手観音像を刻んで本尊とし、五柄《ごふり》の剣と唐から持ち帰った金剛五鈷鈴を納めて伽藍を再興し「剣五山弥谷寺」と改号した。

天正年間の兵火で焼失したが慶長5年（1600）に高松城主生駒一正《いこまかずまさ》公により再興された。仁王門をくぐると、262段の石段の両側には生い茂る山林の中に無数の石仏、石塔があり賽の河原と呼ばれている。上りきったところに青銅製（6m）の金剛拳菩薩像。ここから、大師堂まで108段、さらに本堂まで170段の石段が続く。（計540段）

本堂下の岩肌には、阿弥陀三尊が刻まれている。伝説では、この岩山で、弘法大師が8万4000体の仏像を刻んだという。

○金剛五鈷鈴――国重文で奈良国立博物館に寄託。

○俳句茶屋――仁王門の手前にあり、名物のあめ湯、甘酒、うどん、ところてん等を売っている。

先代の店主が俳人（西尾芳月）だったため、この名がついた。

第七十二番　我拝師山《がはいしざん》　延命院　曼荼羅寺《まんだらじ》　真言宗善通寺派

香川県善通寺市吉原町1380―1
0877―63―0072

ご本尊　大日如来
ご真言　おん　あびらうんけん　ばざらだとばん
ご詠歌　わずかにも曼荼羅おがむ人はただ　ふたたびみたびかえらざらまし

弘法大師の一族である佐伯氏の氏寺として推古4年（596）に創建され、「世坂寺《よさかてら》」と称していた。唐から帰朝した弘法大師が大同2年（807）に唐の青龍寺を模して堂塔を建て、母の菩提を弔い、本尊大日如来を刻んだ。また唐から請来した両界曼荼羅を奉納して、それにちなみ「曼荼羅寺」と改号した。

客殿前の「不老松」（直径17ｍの傘形）は、その記念とし弘法大師お手植えと伝えられるが松喰い虫に侵食され平成14年伐採、残された幹に「松笠大師」を刻む。

鎌倉時代には後醍醐天皇から「曼荼羅寺は仏法興隆、鎮護国家の霊場なるにより未来際を限って、寺領を此寺に給う」との綸旨が下される。

○西行の「昼寝石」と「笠掛桜」――平安の歌人西行法師は近くに7年間、庵（西行庵）を結びしばしばこの寺を訪れた。あるとき、同行した人が笠を櫻の木にかけたまま忘れて帰ったが、後に西行法師がおとずれると笠はそのままになっていたので、「笠はあり、その身はいかになりぬらん、あられはかなき　あめの下かな」と詠んだ。その歌碑が昼寝石の横に建つ。

○茶堂――山門に入って右手にある茶堂は、兵庫県出身の信部長蔵氏が昭和7年までの50年間の遍路行で貯めた1万円を全て寄付し、その中の２０００円で建立された。

第七十三番　我拝師山《がはいしざん》　求聞持院　出釈迦寺《しゅっしゃかじ》　真言宗御室派

香川県善通寺市吉原町1091
0877―63―0073

ご本尊　釈迦如来
ご真言　のうまく　さんまんだ　ぼだなん　ばく
ご詠歌　迷いぬる六道衆生《ろくどうしゅじょう》すくわんと　尊き山にいづる釈迦寺《でら》

弘法大師が真魚《まお》といった7歳の頃、標高481・2mの倭斯濃山《わしのやま》に登り、「我れ、仏門に入りて衆生を救わんと欲す。我が願い成就するものなら、釈迦如来よ、現れ給え。もし願い叶わぬなら、一命を捨ててこの身を諸仏に供養し奉る」と唱えて断崖絶壁（捨身ケ嶽）から谷底に身を投げた。すると紫雲わきおこり、釈迦如来と天女が現れて真魚を抱きとめ、釈迦は「一生成仏」と告げられた。一命を救われ、その願いが成就することを示された。

大師は、青年時代、捨身ケ嶽に登り、虚空蔵菩薩像を刻んで求聞持の秘法を修められた。院号はそれにちなんでいる。以来、「捨身ケ嶽禅定」といわれ奥の院となっている。（寺から1・8km）後に四国巡錫の折、この霊蹟に一寺を建立、釈迦如来像を刻み本尊として、「出釈迦寺」とし、倭斯濃山を「我拝師山」と改めたという。

○境内に捨身ケ嶽の遥拝所があり、白壁の捨身ケ嶽禅定の建物が拝める。
○我拝師山――弘法大師和讃によまれる「五つの嶽」のひとつ
（我拝師山《がはいしざん》・香色山《こうしきざん》・筆山《ふでやま》・中山《なかやま》・火上山《ひあげやま》）
『御歳七つの其の時に衆生の為に身を捨て五つの嶽に立つ雲の立つる誓いの頼もしき』

第七十四番　医王山　多宝院　甲山寺《こうやまじ》　真言宗善通寺派

香川県善通寺市弘田町1765—1
0877—63—0074

ご本尊　薬師如来（伝　開基　弘法大師　作）
ご真言　おん　ころころ　せんだり　まとうぎ　そわか
ご詠歌　十二神味方に持てる戦《いくさ》には　おのれとこころ甲《かぶと》やまかな

このあたり一帯は、弘法大師の子供の頃の遊び場だったと伝えられる。
壮年期、善通寺と曼荼羅寺の間に伽藍を建立する目的で適地を探していたところ、甲山の麓の洞窟から老翁が現れて「ここは霊地なり。堂塔をこの地に建立するがよい」と告げた。大師は早速、石を割り、毘沙門天像を刻んで岩窟に安置したのが始まりという。（大師堂横の岩窟は間口２・５ｍ、奥行き３ｍ）
その後、弘仁12年（８２１）嵯峨天皇から満濃池の修築を下命された大師は、この寺で工事完成祈願の秘法を修め、薬師如来の像を刻んで安置した。大師の徳を慕う、数万の農民の協力もあって、難工事もわずか３ヶ月で完成、朝廷は、その功績に対し、新銭二万貫が勅施され、その下賜金の一部で堂塔を建立、薬師如来を本尊として安置し、山号を薬師如来にちなみ「医王山」、甲山の形が、毘沙門天の兜に似ているところから「甲山寺」と号して七十四番の霊場に定めた。

第七十五番　五岳山《ごがくざん》　誕生院　善通寺
真言宗善通寺派（総本山）

香川県善通寺市善通寺町3―3―1
0877―62―0111

ご本尊　薬師如来
ご真言　おん　ころころせんだり　まとうぎ
そわか
ご詠歌　我がすまば　よもきえはてじ善通寺
ふかきちかいの法《のり》のともしび

高野山奥の院、東寺と並ぶ弘法大師3大霊場のひとつ。（約1万3600坪・約4万5000㎡）

宝亀5年（774）6月15日、この寺の西院、御影堂の奥殿（誕生院）で父佐伯直田公善通《あたいたきみよしみち》卿、母阿刀《あと》氏の出で玉依御前《たまよりごぜん》の6人兄弟の3番目として生まれた。

大同2年（807）唐から帰朝した翌年弘法大師は、先祖の氏寺を建立しようと発願した。善通卿は喜んで自身の荘園を提供されたので、その年の12月より工事

にかかり6年後の弘仁4年（813）6月15日、七堂伽藍は完成した。堂塔は、唐の青龍寺を模して造られ、寺名は父の名を取って善通寺と名づけ、寺の背後に五峰が屛風のようにそびえているところから山号は「屛風ヶ浦五岳山」と称した。東院（金堂・五重塔・釈迦堂・五社明神・足利尊氏利生塔・三帝御陵）と西院（御影堂・納経所・産湯井・地蔵堂・護摩堂・聖霊殿・本坊・宝物館・納経所など）に分かれる。

金堂は、この時に造られ、本尊も大師作であったが、永禄元年（1558）三好氏と香川氏との戦火で焼失、現在の建物は元禄11年（1568）の再建で、本尊は運長の作。

五重塔は、約45ｍ、江戸末期から明治にかけて再建されたもの。

御影堂は、礼堂、中殿、供養殿、奥殿の四棟からなり礼堂、中殿は善通卿の館跡、奥殿は玉依御前の館跡で、大師は奥殿で誕生された。

○戒壇めぐり――御影堂の下にあり、「悪行のあるものは、この地下から出られない」という。約100ｍの真っ暗な世界を手探りで歩く。中ほどの大師誕生の場所に祭壇がある。

○寺宝――国宝

・一字一仏法華経序品――弘法大師が写経した文字の横に玉依御前が仏像を描いたとされる。

・金銅錫杖――恵果阿闍梨から授かったもの。長さ約55㎝。

――重文・木造稚児大師像・木造地蔵菩薩像・木造吉祥天立像。

○兄弟――長男は跡継ぎ、次の女子は神官菅原氏に嫁ぎ、その子が大師門下の「智泉」、大師の次の弟が「真雅」、次の女子は和気宅成《いえなり》の妻で、子が三井寺の開祖「智証大師」、末弟の子が大師から高野山を附職された「真然」。

第七十六番　鶏足山《けいそくざん》　宝幢院《ほうどういん》　金倉寺《こんぞうじ》

天台寺門宗

香川県善通寺市金蔵町１１６０
０８７７—６２—０８４５

ご本尊　薬師如来
ご真言　おん　ころころ　せんだり　まとうぎ　そわか
ご詠歌　まことにも神仏僧を開くれば
　　　　真言加持の不思議なりけり

宝亀5年（７７４）和《わ》気《け》道善《どうぜん》公（智証大師の祖父）の開基、弘法大師の甥、智証大師（円珍）の誕生地。創建時は「道善寺」と称した。

円珍は19歳のとき比叡山延暦寺で得度、40歳で入唐。6年間の求法の後、天安2年（８５８）唐から帰朝した円珍は、4年ほど道善寺に留まり唐の青龍寺に倣って伽藍を造営、本尊に薬師如来像を刻み安置した。延

長6年（928）醍醐天皇の勅命によりこの地の金倉郷《かなくらごう》の名を取って「金倉寺」と改めた。当時は、南北8km、東西4kmの広い領域に132坊を数えるほど盛んであったが、建武の争乱で規模は縮小し、天正の兵火で堂塔は、灰塵に帰した。寛永9年（1632）高松藩主松平頼重公により再建された。大師堂には、弘法大師像、智証大師像（重文）の両大師を奉る。

○乃木将軍妻返しの松――明治31年から4年間、乃木将軍が善通寺第11師団長を勤めた頃、客殿を宿舎としていた。妻の静子夫人が東京から訪ねてきたが乃木将軍は会わず、妻は松の木の下でたたずんでいたという。

○智証大師円珍（814~91）――延暦寺5代座主　15歳で比叡山に登り、義真に師事。33歳で真言の学頭となり40歳で唐に留学。帰国後、この寺に滞在し、自刻の薬師如来を本尊として132坊を有す。天台5代座主となり三井園城寺を賜って伝法灌頂の道場とした。甥とも姪の子とも言われるが、いずれにしても母方のため、父方の叔父が比叡山に居たため、比叡山に登る。比叡山は、市勧業（天台）・遮那行（密教）の2人の僧枠があった。

○讃岐の五大師

弘法大師（空海）宝亀5年（774）~承和2年（835）
道興大師（実慧）延暦5年（786）~承和4年（847）東寺2代長者
法光大師（真雅）延暦20年（801）~元慶3年（879）空海の弟
智証大師（円珍）弘仁5年（814）~寛平3年（891）空海の甥・天台寺門宗
理源大師（聖宝）天長9年（832）~延喜9年（909）醍醐寺開祖

第七十七番　桑多山《そうたざん》　明王院　道隆寺《どうりゅうじ》
真言宗醍醐派

香川県多度郡多度津町北鴨1—3—30
0877—32—3577

ご本尊　薬師如来
ご真言　おん　ころころ　せんだり　まとうぎ
　そわか
ご詠歌　ねがいをば仏道隆《ぶつどうりゅう》に入りはてて
　菩提の月をみまくほしさに

和同5年（712）領主和気道隆（金倉寺創建の和気道善の弟）は、怪しく光る桑の木を見つけ、その木に向かって矢を放ったところ、光は消え、矢を受けた乳母が倒れていた。嘆き悲しんだ道隆は、その供養のためその桑の木を切って薬師如来の小像を刻み、小堂を建てて安置した。これがこの寺の始まり。その後大同2年（807）弘法大師が留錫し薬師如来を刻んで

くだんの小像を胎内に納め、本尊とした。道隆の子朝祐《ちょうゆう》は弘法大師から授戒を受けて2世住職となり、全財産を寺の造営にあて七堂伽藍を建立し、寺号に創建した道隆の名をつけた。

さらに、3世住職になった弘法大師の実弟真雅《しんが》（法光大師《ほうこう》）が23坊を建立する。四世住職の円珍《えんちん》（智証大師《ちしょう》）は五大明王、観音菩薩像を刻み護摩堂を建立、5世住職の聖宝《しょうぼう》（理源大師《りげん》）の時代には「宝祚祈願所」となっている。高僧が続いて寺は栄えたが、貞元年間（976～78）の大地震や康平、天正の兵火で伽藍は失われた。現在の金堂は天正年間の再建、明治時代に大修理。
○眼病平癒の寺で、日本初の眼科医「潜徳院殿賢叟大居士」の墓所がある。
丸亀京極藩の京極左馬造《きょうごくさまぞう》公は幼少の頃は盲目であったが、当寺の薬師如来に祈願のところ全快し、それから医術を学び「眼科の達人」といわれた。

墓所の「潜徳院殿堂《せんとくいんでんどう》」には、「目」と書いた祈願札がびっしり。
○大師堂の前には、大師にひざまづく衛門三郎の像。
○観音像が255体。百観音や各種観音など参道から本堂脇、裏門にかけて並ぶ。
○寺宝――絹本着色「星曼荼羅図」（鎌倉時代・重文）

第七十八番　仏光山　広徳院　郷照寺《ごうしょうじ》
時宗

香川県綾歌郡宇多津町1435
0877―49―0710

ご本尊　阿弥陀如来
ご真言　おん　あみりた　ていせいから　うん
ご詠歌　踊りはね念仏申す道場寺《どうじょうじ》
　　　　　拍子をそろえ鉦《かね》を打つなり

神亀《じんき》2年（725）行基菩薩の開基、「仏光山道場寺」と名づけ、本尊阿弥陀如来（1尺8寸）を刻み安置した。

大同2年（807）弘法大師がこの地にこられ大師自身の姿を刻み厄除けの誓願をされた。理源大師聖宝、恵心僧都源信、高野山道範《どうはん》阿闍梨なども訪れた。

正応元年（1288）一遍上人が行脚の途中この地に留まり、踊念仏の道場にして荒れた寺を修復したが、

長宗我部元親の兵火で伽藍を焼失した。

寛文4年（1664）高松藩主松平頼重が再興し、その際一遍上人にちなんで時宗に改宗し、寺名も七十七番道隆寺とまぎらわしいことから「郷照寺」と改名した。
○弘法大師自刻の像は「厄除け宇多津大師」として信仰を集めている。また「千枚通し」も有名。
○ご詠歌には、旧名の「道場寺」が詠まれている。
○参道入口の「地蔵餅」は大きくて、うまいと女性遍路の評判。

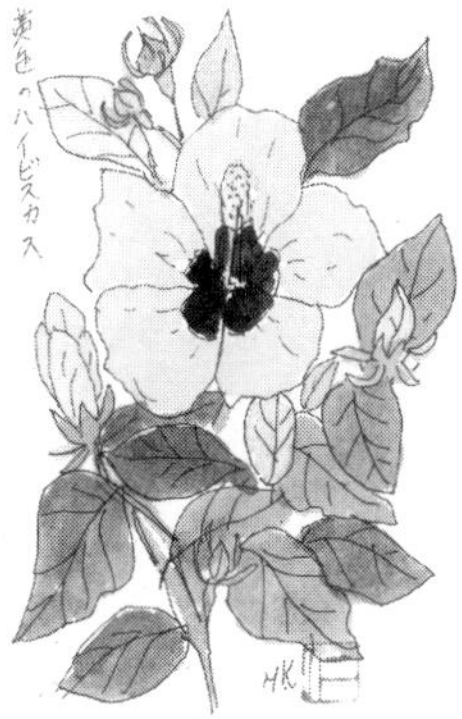

第七十九番　金華山　高照院　天皇寺

真言宗御室派

香川県坂出市西庄町字天皇1713―2
0877―46―3508

ご本尊　十一面観世音菩薩
ご真言　おん　まか　きゃろにきゃ　そわか
ご詠歌　十楽の浮世の中をたずねべし
　　　　天皇さえもさすらいぞある

天平年間、金山《かなやま》の中腹に行基菩薩が開基。弘仁年間、弘法大師が巡錫の折、弥蘇場《やそば》という沢水が落ちる霊域に来た時、一人の天童が現れ、閼伽井を汲んで大師に従い給仕した。この天童は、金山を鎮守する金山権現で、永く仏法の守護を誓って持っていた宝珠を大師に預けた。大師は、その宝珠を嶺に埋め、堂舎を再興し「摩尼珠院《まにしゅいん》」と号した。また、霊木で、本尊十一面観世音菩薩、脇侍の阿弥陀如来、愛染明王

を刻み安置した。

保元の乱（1156）で讃岐に流された崇徳上皇は、9年の歳月を過ごした後、長寛2年（1164）の夏、坂出・鼓ヶ岡の木の丸殿で46歳で崩御された。朝廷の令旨を仰ぐまでの約20日間、遺体が傷まぬよう棺を八十八場の泉の水に浸したという。ご遺詔によって白峰寺の稚児嶽で荼毘に付され、御陵が営まれた。現在の白峰御陵である。（第八十一番白峰寺）

二条天皇は、崇徳上皇の霊を慰めるため八十八場の泉の近くに「崇徳天皇社」を造営、後嵯峨天皇の宣旨によって「摩尼珠院」が永世別当職に任じられ、現在の地に移転された。

明治の神仏分離令により「摩尼珠院」は廃寺となり崇徳天皇社は白峰宮となって、初代神官には、院主が赴任した。明治20年筆頭末寺の高照院が当地に移り、「金華山高照院天皇寺」として今日にいたる。

○日本武尊は、勅によりこの前の海で悪魚を退治したが、尊をはじめ88人の部下は魚の毒に当たって倒れた。この時、横潮明神が金山中腹の泉の水を飲ませたところ元気になった。そこでこの泉を「八十八場《やそば》の泉」というようになった。

○三輪鳥居――普通の明神鳥居の左右にやや小さい脇鳥居を組み合わせた珍しもの。奈良・大神《おおみわ》神社など全国で3例しかない。この横に、源頼朝寄進の下乗石がある。

第八十番　白牛山《はくぎゅうざん》　千手院　国分寺　真言宗御室派

香川県高松市国分寺町国分2065
087―874―0033

ご本尊　十一面千手観世音菩薩
ご真言　おん　ばざらたらま　きりく　そわか
ご詠歌　国を分け野山をしのぎ寺々に　まいれる人を助けましませ

天平13年（741）聖武天皇の勅により行基菩薩が開基し、本尊として丈六（約5・7m）の十一面千手観世音菩薩を刻んで安置した。（落慶756）

本尊の裳には牡丹の絵模様や円形の散らし模様が描かれ重文。

創建当時の規模は、寺領二町四方（約5万平方m）、南大門を入ると東に七重塔、中央は中門、金堂、講堂、僧房などの諸堂が並び讃岐の政治経済の中心であった。現在山門の右手に15個の七重塔の礎石が残り、松の幹の間には33個の金堂の大礎石が残っている。

弘仁年間（810〜24）の弘法大師巡錫の折、尊像を補修され、伽藍の修復にあたり霊場に定めた。

「天正の兵火」によって本堂、本尊、鐘楼を残しほとんどを焼失。

慶長年間（1596〜1615）に国主・生駒一正によって再建され、以後も藩主の保護を受け隆盛している。

本堂は、鎌倉中期に旧講堂跡に再建。9間4面の入母屋造りで重文。

梵鐘は、創建当時の作にて高さ1・5m、重さ1200kg　四国最古の鐘で重文。

○梵鐘の伝説――昔このあたりに梵鐘をかぶった大蛇が塩江町の百々淵《どどがふち》に居て、人々が恐れていたので、戸継《べっし》八郎が退治することになった。八郎は、ご本尊に「一矢が千の矢」となるように祈願して矢を射ると、大蛇はこの梵鐘をかぶって浮き上がり死んだという。そしてこの梵鐘は国分寺に納められたという。
また、慶長14年（1609）国守・生駒一正は高松城の時鐘とするため寺に田1町を寄進して移したが、鐘をつくと「イノウ」と鳴るなど城内で病気や怪奇なことが起こるので、鐘のたたりと恐れ、寺へ返されたという。
○ミニ八十八ケ所――山門を入って参道の左右及び千体地蔵にかけて安置。
○弁財天――讃岐七福神のひとつで境内の池の中に安置されている。またその前に左右三体ずつ六福神が安置され、七福神参りが出来るようになっている。

第八十一番　綾松山《りょうしょうざん》　洞林院《どうりんいん》　白峰寺《しろみねじ》

真言宗御室派

香川県坂出市青海町2635
0877—47—0305

ご本尊　千手観世音菩薩
ご真言　おん　ばざらたらま　きりく　そわか
ご詠歌　霜さむく露白妙の寺のうち
　　　　御名をとなうる法のこえごえ

弘仁6年（815）弘法大師が白峰山に登られ、如意宝珠を埋め、閼伽井を掘って衆生済度を祈願して堂宇を建立し創建と伝えられる。また、貞観2年（860）智証大師（円珍）が山上のかがやく瑞光を見て不思議に思っていると白峰大権現が現れて霊地であることを告げたので、瀬戸内海に浮かぶ不思議な光を放つ霊木を引き上げて、千手観音を刻み本尊とし、伽藍を整えて開創との説もある。

展望台から参道の坂を下ると右側に2基の十三重塔がある。左の塔は弘安元年（1278）、右の塔は、元

稜4年（1324）の銘があり源頼朝が先祖供養のため建てた供養塔（重文）。境内入口の門は、七つの棟をもつ高麗形式の門で享保3年（1718）の再建。参道正面には、「頓証寺」の勅額を掲げた勅使門があり、崇徳上皇のご廟所。上皇の没後、都で異変が相継いだので26年目に後鳥羽天皇が霊を祀る廟所として建立。勅額は、重文。後小松天皇の勅により足利義持が奉納。飛鳥井雅縁の書。応永4年（1414）奉納。

本堂は、勅額門の手前を右に曲がり石段を100段近く上り詰めたところにある。慶長4年（1599）生駒一正の再建、本尊は「身代わり観音」として信仰されている。大師堂は、文化8年（1811）松平頼義の再建。

○阿弥陀堂――本堂の左手、阿弥陀三尊像の後方に木造の阿弥陀如来小像が千躰

○崇徳上皇哀話――保元の乱で破れ、実の弟の後白河天皇に讃岐に流され、9年後崩御した。

①「玉章《たまずさ》の木」　崇徳上皇はほととぎすの鳴き声を聞き、「啼けばきく、きけば都の恋しきに、この里すぎよ、山ほととぎす」と歌をよんだ。上皇の寂しい心中を察したほととぎすは、このケヤキの葉を口にくわえて、声がもれないようにして鳴いたという。今は、枯れてしまった。

②西行法師が墓参りのため御陵を訪れると、上皇の化身が現れて復讐の怨念を語る。西行は化身を供養して山を降りるが、その後の歴史は化身の語る通りで、保元の乱以後栄華を誇った平家は滅びた。

○白峰山に登った上田秋月は、その著『雨月物語』で「松柏は奥深く茂りあいて、青雲のたなびく日すら小雨そぼふるが如し。稚児が嶽という、千尋の谷そこより雲霧のおひのぼれば、まのあたりをもおぼつかなきここちせらる。木立わずかにすきたるところに土たかくつみたるが上に、石を三かさねに畳なしたるが、うばかずらにうづせれてうらがなしきを、これなむ御墓にやと心もかきくらまされて、さらに夢うつつをもわきがたし…」と、深い同情を寄せた。

第八十二番　青峰山《あおみねざん》　千手院　根香寺《ねごろじ》
天台宗

香川県高松市中山町1506
087—881—3329

ご本尊　千手観世音菩薩
ご真言　おん　ばざらたらま　きりく　そわか
ご詠歌　宵のまの妙ふる霜の消えぬれば
　　　　あとこそ鉦《かね》の勤行《ごんぎょう》の声

弘仁年間、弘法大師が巡錫の折、当山にて金剛界曼荼羅の五智如来を感得され、ここを密教相応の地として山々に青峰、黄峰、赤峰、白峰、黒峰と命名。そして青峰に一院（花蔵院）を創建、衆生済度のため五智如来の教令輪身即ち五大明王を祀り、衆生の末代済度を祈願する護摩供を修法された。

また、天長9年（832）弘法大師の甥、智証大師円珍が巡錫、不思議な香木でもって「千手観音像」を

刻み「千手院」を創建された。その際、青峰の麓で、白髪の老翁（市乃瀬明神）が現れ、「ここは観音霊地で三つの谷がある。毘沙門谷には行場を、法華渓には本堂を、五夜谷には法華三昧の道場をつくり、蓮華谷の香木で本尊の観音を刻むように」と告げた。また、その後青峰に登ると老僧に出会った。この老僧は山の守護神の山王権現であったことから、市乃瀬明神と山王権現を鎮守としてまつり、香木で観音を彫り安置した。その香木の根があまりに香り高いので、この両大師開基の二院（花蔵院と千手院）を総称して「根香寺」と称した。また香りが川に流れて香ることから香川の県名がつけられたという。後白河天皇の勅願所として千石千貫の寺領を賜るも天正の兵火で焼失、慶長年間（1596~1615）生駒一正が復興、さらに寛文4年（1664）高松初代藩主松平頼重によって再興されている。この時真言宗から天台宗に改宗された。

本尊の千手観世音菩薩（桜の木造・重文）、五大明王木像（不動・降三世・軍荼利・大威徳・金剛夜叉）は県文化財。本堂前の回廊には信者が奉納した3万3333体の観音小像が並ぶ万体観音堂。

○牛鬼伝説――天正の頃、青峰山中に牛鬼という怪物が住み村里に出没して人々を困らせた。弓の名人山田蔵人高清は根来寺の本尊に祈願し、見事に射倒したが、たたりを恐れ、その角を切り、お米15俵とともに、寺に奉納した。その角が寺に残り、文化5年（1808）に描かれた牛鬼の絵図がある。（山門前の左手、駐車場の奥に巨大な像）

第八十三番　神亳山《しんごうざん》　大宝院　一宮寺《いちのみやじ》　真言宗御室派

香川県高松市一宮町６０７
０８７—８８５—２３０１

ご本尊　聖観世音菩薩
ご真言　おん　あろりきゃ　そわか
ご詠歌　讃岐一宮の御前《みまえ》に仰ぎきて　神の心を誰《たれ》かしらゆう

大宝年間（701〜04）に義淵《ぎえん》僧正が開基し年号にちなんで「大宝院」と称して法相宗。和銅年間（708〜15）に諸国に一宮が建てられた時、田村神社が行基菩薩によって讃岐一の宮として建立されその別当寺として「神毫山一宮寺」と改めた。その後、弘法大師が大同年間（806〜10）に巡錫し、本尊として三尺五寸の聖観世音菩薩を刻み、また自像も彫って安置し、堂宇を補修し伽藍を整えて霊場に定めた。その折、法相宗を真言宗に改めた。

天正12年（1584）、長宗我部元親の兵火で灰塵にきしたが、中興の祖・宥勢《ゆうせい》大徳によって再興。延宝7年（1679）高松二代藩主松平頼常《よりつね》公によって田村神社の別当寺を解職されている。（他の一宮寺より200年も前に神仏分離された珍しい霊場）

○地獄の釜――本堂の前に薬師如来を祀る石の小さな祠があり、この中に首を突っ込むと「新境地が開ける」といわれ、さらに深く入れるとゴーという音が聞こえ、「地獄の釜の音」といわれる。

○三基の宝塔――本堂横のあり「一宮御陵」といわれ、田村神社の祭神である考霊天皇と百襲姫《ももそひめ》、五十芹彦命《いそせりひこのみこと》のものといわれる。神仏分離の際に、田村神社から移築されたといわれる。鎌倉時代の宝治元年（1247）の銘。

○護摩堂――平成19年　大師堂左手に不動明王を本尊に護摩堂が新築された。

第八十四番　南面山《なんめんざん》　千光院　屋島寺《やしまじ》

真言宗御室派

香川県高松市屋島東町1808
087―841―9418

ご本尊　十一面千手観世音菩薩
ご真言　おん　ばざらたらま　きりく
ご詠歌　梓弓《あずさゆみ》屋島の宮に詣でつつ
　　　　祈りをかけて勇む武夫《もののふ》

屋島は標高293mの溶岩台地の半島、屋根のような形をし、元は島であったところから屋島といわれる。源平合戦の古戦場として知られ島全体が国の史跡に指定。北嶺と南嶺に別れ、屋島寺は、南嶺にある。天平勝宝5年（753）唐から来朝した鑑真和上が大宰府から奈良へ向かう途中、屋島山上に瑞光がみえたので船を止め、屋島の北嶺にのぼり普賢堂を建て持参の普賢菩薩像を安置し、経典を納めて創建するに始ま

る。後に弟子の東大寺戒壇院の空鉢《くうはつ》上人こと恵雲《えうん》律師が堂宇を建立し「屋島寺」と称し初代住職となった。

その後、弘仁6年（815）弘法大師が嵯峨天皇の勅願により北嶺にあった伽藍を南嶺に移し、十一面千手観世音菩薩を刻み本尊とした。（中興開山の祖）

また、山岳仏教の霊場としても隆盛で天暦《てんりゃく》年間（947～57）には、明達律師が四天王像を奉納、現存の本尊もこの頃の作とか（重文）

鎌倉時代の戦乱で衰退するが領主生駒氏の寄進、援助で復興、元和元年（1618）隆巌上人が本堂を修築した。以後修理を重ね、鎌倉・江戸時代の建築様式が今に伝わる。本堂、本尊、梵鐘は重文。本尊光背に「弘法大師御作之本尊也、弘仁元年二月彼岸中日一日之作也」の銘。梵鐘は、貞応2年（1223）鋳造（「平家供養の鐘」ともいわれる）

○宝物館——源平盛衰記絵巻物、屋島合戦屏風、徳川家康用太刀など。

○太三郎狸（蓑山大明神）——四国の狸の総大将。狸は夫婦仲がよいそうで、夫婦円満、家庭円満、縁結びの神として信仰を集めている。（土地の氏神）

日本三大狸（佐渡の団三郎狸・淡路の芝右衛門狸・屋島太三郎狸）。

鑑真和上が屋島の北嶺に登った折、蓑をかぶった老人が現れ、山上まで道案内をした。その人が太三郎狸。

○瑠璃宝池（血の池）——創建時、宝珠を本堂の前に埋め、その周りに池を掘ったのでその名がある。源平合戦の折、義経始め源氏の兵士が血刀を洗ったところ、池は真っ赤に染まったといわれる。

第八十五番　五剣山　観自在院　八栗寺《やくりじ》

真言宗大覚寺派

香川県高松市牟礼町牟礼3416
087—845—9603

ご本尊　聖観世音菩薩（伝　開基　弘法大師　作）
ご真言　おん　あろりきゃ　そわか
ご詠歌　煩悩を胸の智火《ちか》にて八栗をば
　　　　修行者ならでたれか知るべき

五剣山は、かつては、五峰が並んでいたためその名がついたが、東の峰が宝永3年（1706）の大地震で崩れたため、今は4つ半になっている。
八栗ケーブルで5分。

天長6年（829）弘法大師の開基。大師がこの山に登って虚空蔵求聞持法を修され結願に至ったところ五柄《ごふり》の剣が虚空より降り、山の鎮守蔵王権現が示現し

「この山は仏教相応の霊地なり」と告げた。大師は五剣を中嶽に埋め、大日如来を刻んで山の鎮護とし「五剣山」と名づけた。

また、五剣山頂上からは八国が望めるところから「八国寺」と称していたが、大師が入唐前に植えた焼き栗8個が帰朝してみると悉く成長繁茂していた因縁から「八栗寺」と呼ばれるようになったという。

本堂左の聖天堂は、延宝5年（1677）木食以空《もくじきいくう》上人が東福門院（後水尾天皇妃）から賜った歓喜天（伝・弘法大師作）を勧請したもの。「八栗の聖天さん」と呼ばれ歓喜天霊場でもある。

天正年間、長宗我部元親の兵火で焼失するも文禄年間（1592〜96）に無辺上人によって本堂が再興され、寛永19年（1642）初代高松藩主松平頼重公が現本堂を再興し大師作の聖観音を安置し「観自在院」と称するようになった。（現本堂・二天門には三代藩主・松平頼豊公再建との棟札）鐘楼は、寛政三年（1791）建立。

梵鐘は昭和30年鋳造。会津八一（秋草道人）の歌銘。「わたつみの　そこゆくうをのひれにさへ　ひひこのかね　のりのみために」

第八十六番　補陀落山　清浄光院《せいじょうこういん》　志度寺　真言宗善通寺派

香川県さぬき市志度1102
087—894—0086

ご本尊　十一面観世音菩薩
ご真言　おん　まか
きゃろにきゃ　そわ
か
ご詠歌　いざさらば今宵はこ
こに志度の寺
祈りのこえを耳にふ
れつつ

推古天皇33年（625）凡薗子《おおしのそのこ》尼が志度の浦に漂着した霊木を草庵に引き上げると、閻魔大王の化身が現れ、その霊木で十一面観世音菩薩を刻んで姿を消した。そこで薗子尼は一間四方の小堂を建てて安置したのが始まりとか。

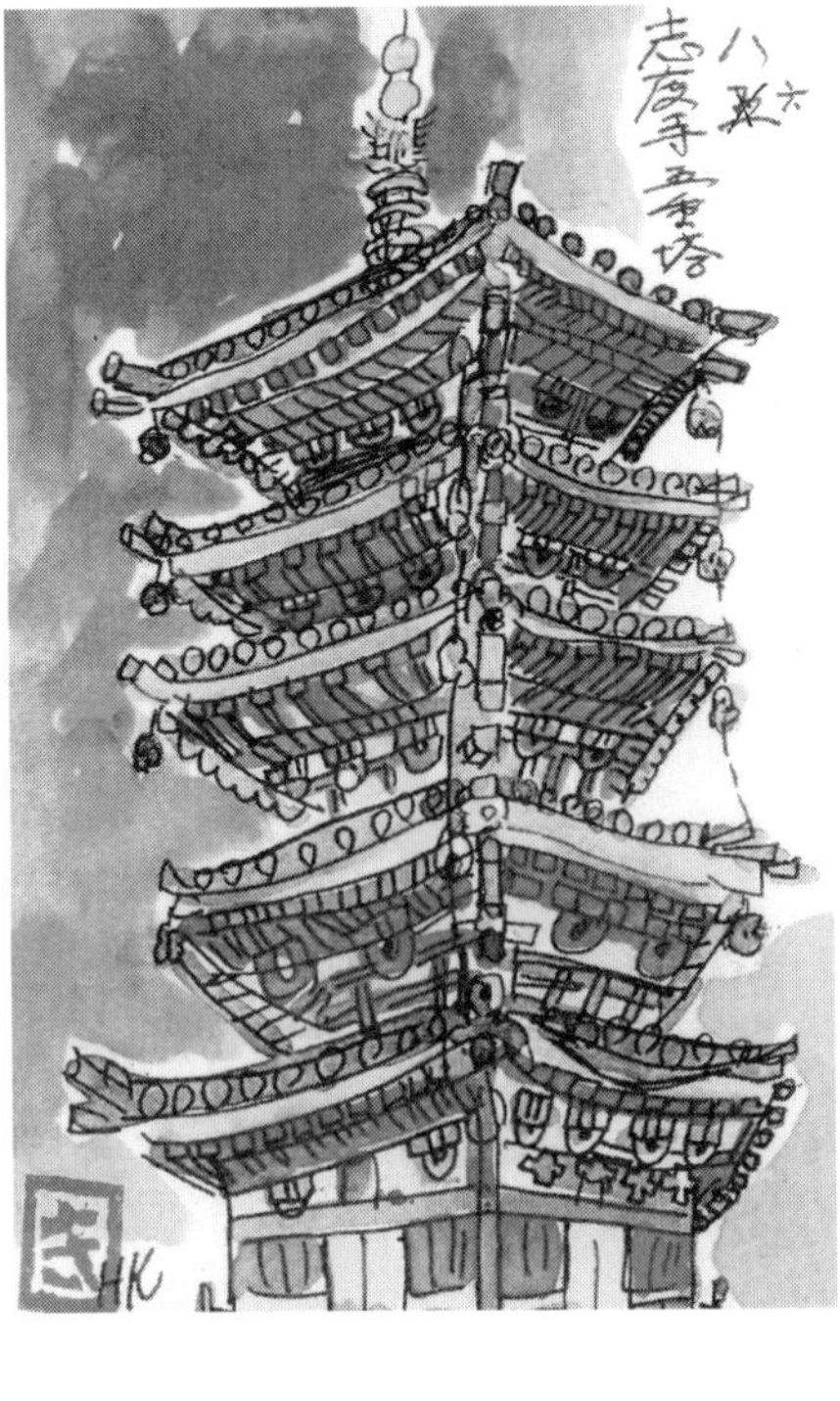

開基は、藤原不比等（鎌足の息子で、光明皇后の父）。唐の高宗皇帝の妃となっていた妹から父鎌足の供養のため3個の宝珠を贈られることになった。

その船が志度の房崎岬にさしかかると海が荒れ、難破しそうになった。珠をひとつ竜神にささげるため海に投じ何とか危機を脱出できた。

その球は「面向不背」といい、球の中に釈迦三尊が刻まれどこから見ても仏の背が見えない珍品である。不比等は、残念に思い、その珠を捜しに志度を訪れた。海底に沈んだ珠は見つからず、そうこうしている間に、不比等は若い海女と親しくなり、「房前《ふささき》」という男の子が生まれた。

時に不比等は23歳既に妻帯し、前年に武智麻呂という男の子も生まれていた。珠を取り戻すことや都のことなど不比等の悩みは尽きず、それを打ち明けられた海女は、我が子房前を世継ぎにすることを約束させると、海中に潜った。海底で、竜神から珠を奪い返すと乳房の下を剣でえぐって珠を隠し、竜神の追っ手を遁れ、珠は不比等の手に戻ったが、海女は息絶えた。不比等はその菩提を弔う為、五間四面のお堂を建て「死渡道場」と名づけた。そして房前を連れて都に帰り、立派に育て、房前は後に藤原四家の北家の祖となり、元正、聖武天皇のブレーンとなる。

朱鳥7年（６９３）房前は行基菩薩と共に志度を訪れ、母である海女の冥福を祈って伽藍を再興した、そのとき法華経8巻を納め、千基の石塔を造立し、「志度寺」としたと伝えられる。現在の海女の墓20基がその一部とか。

○本堂・仁王門――寛文10年（１６７０）藩主松平頼重の建立。仁王門は日本三大名門のひとつとか。門の金剛力士像は鎌倉時代の運慶の作と伝えられる。長宗我部元親が攻め入った時、仁王門の前で馬が動かなくなった。仁王像を見ると後光がさしており、畏敬を覚えた元親は伽藍を焼くことを禁じたという。

○重文――本堂・仁王門・本尊、脇仏不動明王、毘沙門天・志度寺縁起6幅（謡曲海士の元）、十一面観世音菩薩像1幅

第八十七番　補陀落山　観音院　長尾寺《ながおじ》
天台宗

香川県さぬき市長尾西653
0879—52—2041

ご本尊　聖観世音菩薩
ご真言　おん　あろりきゃ　そわか
ご詠歌　あしびきの山鳥の尾の長尾寺《ながおでら》
　　　　秋の夜すがら御名《みな》をとなえよ

聖徳太子の開創とも伝えられているが、天平11年（739）行基菩薩が巡錫のおり霊夢により揚柳で聖観音像を刻み、本尊として堂宇を建立したのが始まり。

弘法大師が入唐の前にこの地に留まられ、年頭七夜の護摩秘法を修し、国家安泰と五穀豊穣を祈願された。

このとき護摩符を人々に投げ与えたといわれる。これが毎年正月7日大会陽福奪《だいえようふくうば》いの行事として今に伝わっている。

（また180kgの大鏡餅を運ぶ力持ち競技も実施）

唐から帰朝した大師は、大日経を一字一石に書写し供養塔を建立、札所に定め法相宗から真言宗に改宗した。（供養塔は護摩堂の前にある）

天正の兵火により本尊を除いて焼失、慶長年間（1596~1615）に再建され、寺名を「観音院」と呼ばれたが、天和3年（1683）藩主松平頼重の勧めで真言宗から天台宗に改めている。このとき田畑を寄進され堂塔を整備、「讃岐七観音」のひとつと定められた。さらに元禄2年（1689）現在の寺名に改称。

「長尾の観音さん」「力餅・静御前得度の寺」として親しまれている。

○静御前剃髪塚――静の母（磯禅尼《いそのぜんに》という白拍子）が讃岐小磯（大川郡大内町）の出身であるところから、この寺に来て文治4年（1188）得度したという。

○経幢《きょうどう》――仁王門の前に一対の経幢（供養のため写経などを埋めた上に立てる石柱）2基ともに重文（元寇の役で戦死した将兵を弔う供養塔）。

○仁王像――船で志度の浦に着いたものの動かすものがいない。住職が祈念すると仁王像が自分で寺まで歩いて来たという伝説もある。

第八十八番　医王山　遍照光院　大窪寺《おおくぼじ》　真言宗単立

香川県さぬき市多和兼割96
0879―56―2278

ご本尊　薬師如来
ご真言　おん　ころころ　せんだり　まとうぎ　そわか
ご詠歌　南無薬師諸病なかれと願いつつ　詣れるひとは大窪の寺

養老元年（717）、行基菩薩がこの地で霊夢を感得し、草庵を建てて修行したのが開創と伝えられる。その後、弘仁7年（816）帰朝した弘法大師が現在の奥の院付近の岩窟で求聞持法の修法をし、一刀三礼等身の薬師如来座像を刻んで本尊とした。このとき、恵果和尚から授かった三国伝来の錫杖を納め山の窪地に寺を建立したので大窪寺という寺号になったという。（この錫杖でお加持が受けられる―要予約）

大師の十大弟子・真済《しんぜい》僧正（800～60）が住職の頃は寺領百町四方、百余の堂塔を構えるほど隆盛し、「女人高野」として寺は栄えたが、天正の兵火で焼失し、寺勢も衰えた。藩主松平頼重が再興、2代目藩主頼常も元禄時代に本堂、仁王門の修理。明治33年の失火で堂宇を焼失、現在の建物はそれ以後のもの。

「結願の寺」として金剛杖を奉納するものも多く、毎年春夏の「柴燈大護摩」で供養される。

○奥の院――本堂西の女体山《にょたいさん》にあり、本尊阿弥陀如来。
○大師堂――地下に八十八ヶ所本尊を祀り、お砂踏みが出来る。
○本尊薬師如来坐像は「ほら貝」を持つ珍しいお姿、その心は、厄難諸病を吹き払うとか。

番外　高野山　奥の院　高野山真言宗

和歌山県伊都郡高野町高野

弘法大師空海は、弘仁7年（816）密教的理想を実現し、永遠に密教の中心地とすること、鎮護国家、最適の修行の場を確立するため高野山の下賜を願い出た。「少年の日、修渉のついで、吉野山を見て南に行くこと1日、更に西に向いて去ること2日程にして一つの平原あり、名づけて高野という。計るに紀伊国伊都郡の南に当たれり。四面高山にして人迹はるかに絶えたり。彼の地、修禅の院を置く」と。翌年許可され、泰範、実慧を派遣して事業にとりかかった。

しかし、空海は公的活動に追われ、漸く高野山で「万燈会」を修したのは、天長9年（832）、大師59歳の時であった。承和2年（835）宮中後七日御修法の後、病にたおれ高野山を真然に、東寺を実慧に、東大寺真言院を真雅に託して3月21日高野山で入定した。

入定後2～300年後の摂関・院政期、治安3年（1

023）前太政大臣藤原道長の「弘法大師廟堂」参詣を初例として摂関家・王家の人々が高野登山を行うようになってきた。

それは、11世紀以降流布し始めた「入定信仰」と「高野山信仰」であった。「入定信仰」とは、弘法大師が今もなお奥の院廟内で生き身のままおわされていて、56億7千万年後に弥勒菩薩がこの世に出現されるまで、人々を救済し続けているという信仰であり、「高野山信仰」とは、「一度参詣高野山、無始罪障道中滅」という言葉に示されているように、高野山は仏の浄土であり、その地に徒歩で一度でも参詣するならば、人間に最初から備わっている逃れがたい罪までもが道中で消滅して、清らかな心身になることができるという信仰である。

今、20万基を超える供養塔が立ち並ぶ奥の院は、弘法大師信仰の広がりとともに始まった。長徳3年（997）多田満仲の供養塔が最古のものとされ、各宗派の祖、諸大名、各企業の供養塔など、ありあらゆる供養塔が存在する。（四国霊場先達の供養塔もある）

四国遍路にとっては、満願の寺であり、感激で涙する遍路も多い。

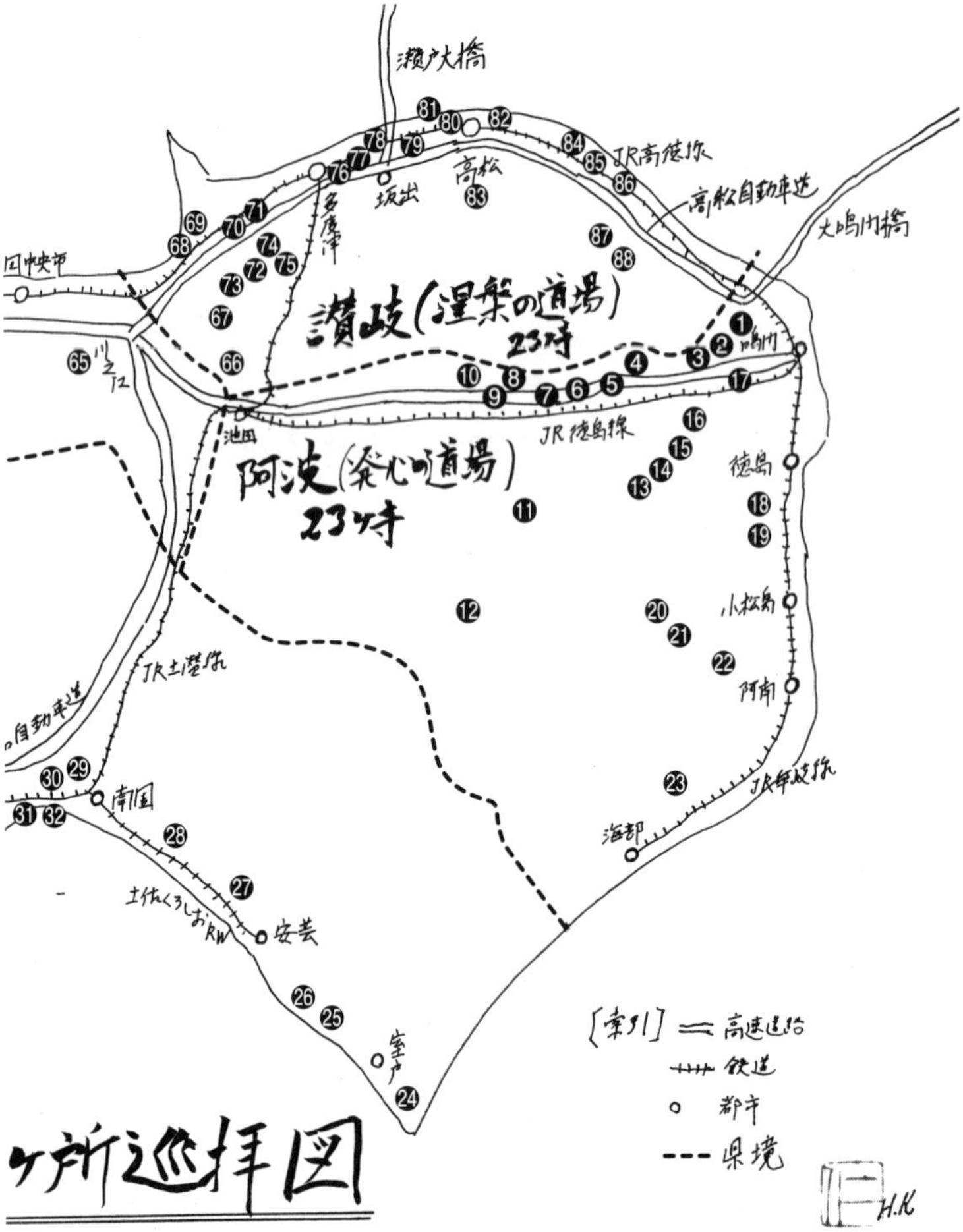

京都　東寺
第1番　霊山寺
第2番　極楽寺
第3番　金泉寺
第4番　大日寺
第5番　地蔵寺
第6番　安楽寺
第7番　十楽寺
第8番　熊谷寺
第9番　法輪寺
第10番　切幡寺
第11番　藤井寺
第12番　焼山寺
第13番　大日寺
第14番　常楽寺
第15番　国分寺
第16番　観音寺
第17番　井戸寺
第18番　恩山寺
第19番　立江寺
第20番　鶴林寺
第21番　太龍寺

第22番　平等寺
第23番　薬王寺
第24番　最御崎寺
第25番　津照寺
第26番　金剛頂寺
第27番　神峯寺
第28番　大日寺
第29番　国分寺
第30番　善楽寺
第31番　竹林寺
第32番　禅師峰寺
第33番　雪蹊寺
第34番　種間寺
第35番　清滝寺
第36番　青龍寺
第37番　岩本寺
第38番　金剛福寺
第39番　延光寺
第40番　観自在寺
第41番　龍光寺
第42番　仏木寺
第43番　明石寺

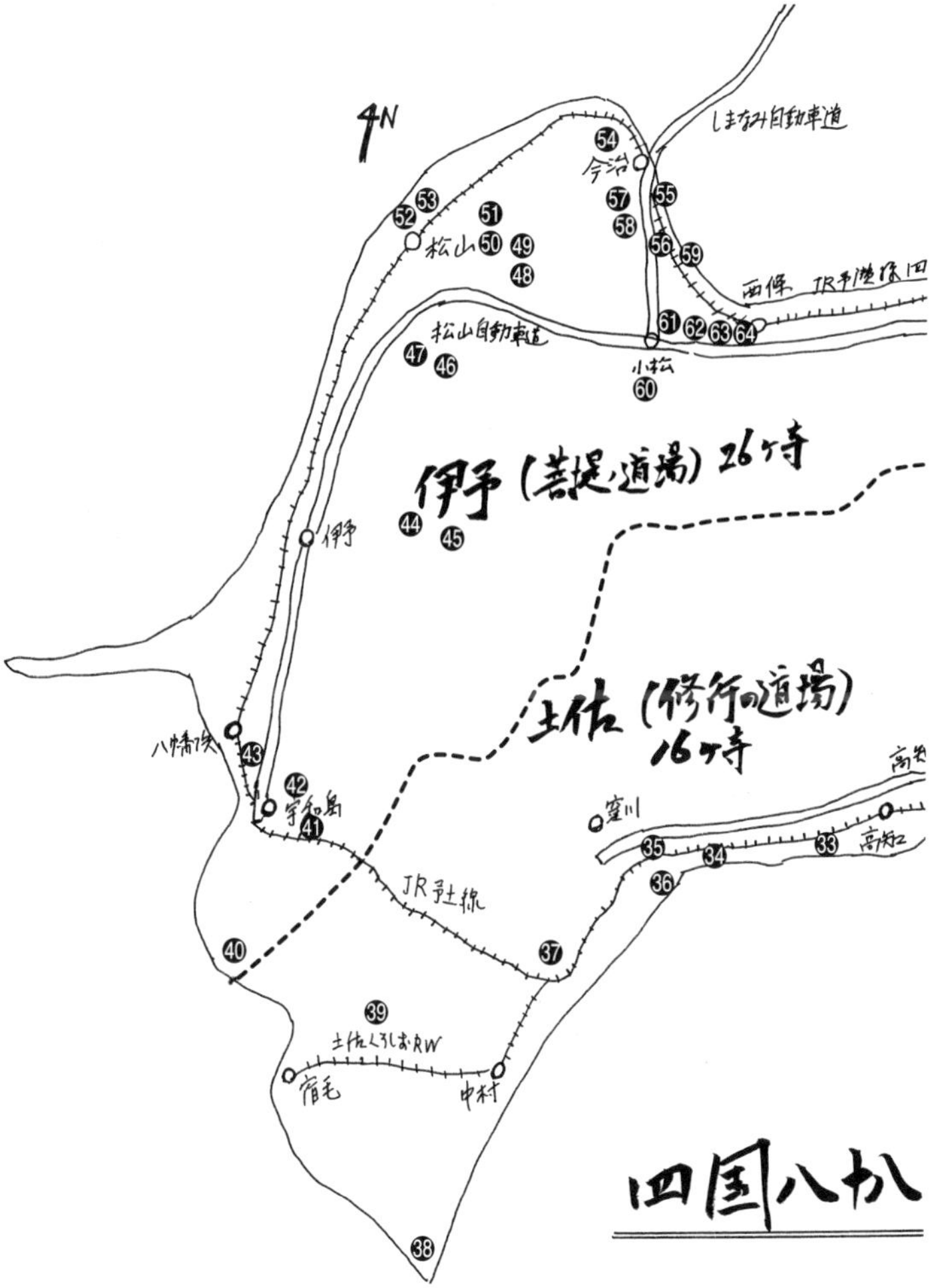

第44番　大宝寺
第45番　岩屋寺
第46番　浄瑠璃寺
第47番　八坂寺
第48番　西林寺
第49番　浄土寺
第50番　繁多寺
第51番　石手寺
第52番　太山寺
第53番　円明寺
第54番　延命寺
第55番　南光坊
第56番　泰山寺
第57番　栄福寺
第58番　仙遊寺
第59番　国分寺
第60番　横峰寺
第61番　香園寺
第62番　宝寿寺
第63番　吉祥寺
第64番　前神寺
第65番　三角寺
第66番　雲辺寺

第67番　大興寺
第68番　神恵院
第69番　観音寺
第70番　本山寺
第71番　弥谷寺
第72番　曼荼羅寺
第73番　出釈迦寺
第74番　甲山寺
第75番　善通寺
第76番　金倉寺
第77番　道隆寺
第78番　郷照寺
第79番　天皇寺
第80番　國分寺
第81番　白峯寺
第82番　根香寺
第83番　一宮寺
第84番　屋島寺
第85番　八栗寺
第86番　志度寺
第87番　長尾寺
第88番　大窪寺
高野山　奥之院

お四国のおつとめ

開経《かいきょう》のことば

無《む》上《じょう》甚《じん》深《じん》微《み》妙《みょう》法《ほう》
百《ひゃく》千《せん》萬《まん》劫《ごう》難《なん》遭《そう》遇《ぐう》
我《が》今《こん》見《けん》聞《もん》得《とく》受《じゅ》持《じ》
願《がん》解《げ》如《にょ》来《らい》真《しん》実《じつ》義《ぎ》

懺悔《ざんげ》のことば

我《が》昔《しゃく》所《しょ》造《ぞう》諸《しょ》悪《あく》業《ごう》
皆《かい》由《ゆ》無《む》始《し》貧《とん》瞋《じん》痴《ち》
従《じゅう》身《しん》語《ご》意《い》之《し》所《しょ》生《しょう》
一《いっ》切《さい》我《が》今《こん》皆《かい》懺《ざん》悔《げ》

三《さん》帰《き》

弟《で》子《し》某《む》甲《こう》、尽《じん》未《み》来《らい》際《さい》
帰《き》依《え》仏《ぶつ》、帰《き》依《え》法《ほう》
帰《き》依《え》僧《そう》

三《さん》竟《きょう》

弟《で》子《し》某《む》甲《こう》、尽《じん》未《み》来《らい》際《さい》
帰《き》依《え》仏《ぶつ》竟《きょう》、帰《き》依《え》法《ほう》竟《きょう》
帰《き》依《え》僧《そう》竟《きょう》

十《じゅう》善《ぜん》戒《かい》

弟《で》子《し》某《む》甲《こう》尽《じん》未《み》来《らい》際《さい》
不《ふ》殺《せっ》生《しょう》　不《ふ》偸《ちゅう》盗《とう》　不《ふ》邪《じゃ》淫《いん》　不《ふ》妄《もう》語《ご》　不《ふ》綺《き》語《ご》
不《ふ》悪《あっ》口《く》　不《ふ》両《りょう》舌《ぜつ》　不《ふ》慳《けん》貪《どん》　不《ふ》瞋《しん》恚《に》　不《ふ》邪《じゃ》見《けん》

発《ほつ》菩《ぼ》提《だい》心《しん》真《しん》言《ごん》

おんぼうじ、しった、ぼだはだやみ

三《さん》摩《ま》耶《や》戒《かい》真《しん》言《ごん》

おん、さんまや、さとばん

般《はん》若《にゃ》心《しん》経《ぎょう》

仏《ぶっ》説《せつ》摩《ま》訶《か》般《はん》若《にゃ》波《は》羅《ら》蜜《み》多《た》心《しん》経《ぎょう》
観《かん》自《じ》在《ざい》菩《ぼ》薩《さ》行《ぎょう》深《じん》般《はん》若《にゃ》波《は》羅《ら》蜜《み》多《た》時《じ》　照《しょう》見《けん》五《ご》蘊《うん》皆《かい》空《くう》　度《ど》一《いっ》切《さい》苦《く》厄《やく》　舎《しゃ》利《り》子《し》
色《しき》不《ふ》異《い》空《くう》　空《くう》不《ふ》異《い》色《しき》　色《しき》即《そく》是《ぜ》空《くう》　空《くう》即《そく》是《ぜ》色《しき》　受《じゅ》想《そう》行《ぎょう》識《しき》　亦《やく》復《ぶ》如《にょ》是《ぜ》　舎《しゃ》利《り》
子《し》　是《ぜ》諸《しょ》法《ほう》空《くう》相《そう》　不《ふ》生《しょう》不《ふ》滅《めつ》　不《ふ》垢《く》不《ふ》浄《じょう》　不《ふ》増《ぞう》不《ふ》減《げん》　是《ぜ》故《こ》空《くう》中《ちゅう》無《む》色《しき》無《む》受《じゅ》想《そう》
行《ぎょう》識《しき》　無《む》限《げん》耳《に》鼻《び》舌《ぜっ》身《しん》意《に》　無《む》色《しき》声《しょう》香《こう》味《み》触《そく》法《ほう》　無《む》限《げん》界《かい》　乃《ない》至《し》無《む》意《い》識《しき》界《かい》　無《む》無《む》
明《みょう》　亦《やく》無《む》無《む》明《みょう》尽《じん》　乃《ない》至《し》無《む》老《ろう》死《し》亦《やく》無《む》老《ろう》死《し》尽《じん》　無《む》苦《く》集《しゅう》滅《めつ》道《どう》　無《む》智《ち》　亦《やく》無《む》得《とく》
以《い》無《む》所《しょ》得《とっ》故《こ》　菩《ぼ》提《だい》薩《さっ》唾《た》　依《え》般《はん》若《にゃ》波《は》羅《ら》蜜《み》多《た》故《こ》　心《しん》無《む》罣《け》礙《げ》無《む》罣《け》礙《げ》故《こ》無《む》有《う》恐《く》怖《ふ》
遠《おん》離《り》一《いっ》切《さい》顛《てん》倒《どう》無《む》想《そう》　究《く》竟《ぎょう》涅《ね》槃《はん》　三《さん》世《ぜ》諸《しょ》仏《ぶつ》　依《え》般《はん》若《にゃ》波《は》羅《ら》蜜《み》多《た》故《こ》　得《とく》阿《あ》耨《のく》多《た》

羅《ら》三《さん》藐《みゃく》三《さん》菩《ぼ》提《だい》　故《こ》知《ち》般《はん》若《にゃ》波《は》羅《ら》蜜《み》多《た》　是《ぜ》大《だい》神《じん》呪《しゅ》　是《ぜ》大《だい》明《みょう》呪《しゅ》　是《ぜ》無《む》上《じょう》呪《しゅ》
是《ぜ》無《む》等《とう》等《どう》呪《しゅ》　能《のう》除《じょ》一《いっ》切《さい》苦《く》真《しん》実《じつ》不《ふ》虚《こ》　故《こ》説《せつ》般《はん》若《にゃ》波《は》羅《ら》蜜《み》多《た》呪《しゅ》　即《そく》説《せつ》呪《しゅ》曰《わつ》
掲《ぎゃ》諦《て》掲《ぎゃ》諦《て》　波《は》羅《ら》掲《ぎゃ》諦《て》　波《は》羅《ら》僧《そう》掲《ぎゃ》諦《て》　菩《ぼ》提《じ》薩《そ》婆《わ》訶《か》　般《はん》若《にゃ》心《しん》経《ぎょう》

各霊場本尊真言

光明真言《こうみょうしんごん》

おん　あぼきゃ　べいろしゃのう　まかぼだらまに　はんどま　じんばら
はらばりたや　うん

御宝号《ごほうごう》

南無大師遍照金剛《なむだいしへんじょうごんごう》

回《え》向《こう》

願《ねが》くは　この功徳《くどく》をもって　あまねく一切《いっさい》におよぼし
我等《われら》と衆生《しゅじょう》と　皆共《みなとも》に仏道《ぶつどう》を成《じょう》ぜん

あとがき

世の中のご縁というものは、本当に不思議で、ありがたいものです。早稲田大学を卒業してから電通に入り36年勤め、早期退職制度にのっかって定年2年前の平成16年に退職させていただきました。

子供の頃からお大師さまに救われてきているという思いはあり、いずれ僧にと淡い気持ちは持っておりましたが、なかなかその機会に恵まれませんでした。平成11年、そんな思いを打ち明けていた故中田登氏のご尽力で、東寺教化部長の土口哲光僧正をご紹介いただき、あっという間に、当時の砂原秀遍・東寺事務長を師僧として仏門に入ることとなりました。とは申せ、電通在社中は、得度は済ませたものの一歩も前に進みませんでした。ただ、お四国を5周して四国八十八ケ所霊場会の公認先達に補任され、バス遍路の方々と接する機会を得たことで、背中を押される思いが強まったことです。公認先達への推薦も兄弟子となった土口師が高野山大学での同級生である八十八番結願の寺「大窪寺」の槇野孝純住職をご紹介くださいました。

電通退職が目前に迫った頃、高野山大学大学院修士課程に通信教育課程が新設されるとの新聞広告が出ました。早速、受験するも見事に不合格、科目等履修生の途を勧められました。本科に合格すると履修単位の内10単位までは認められるということなので、取り敢えず在籍し8単位を得、翌年は本科に合格することができました。そこから2年で修了するつもりでしたが、必修科目がひとつ残り、3月に修了することは出来ませんでした。

その科目が「密教学特別演習」で、修士論文かあるいはその代替として四国歩き遍路をして、その感想文を提出するというもの。公認先達としては、一度は歩き遍路をすべきと思っていましたので、迷わず後者を選択した訳です。歩き遍路は一日平均30キロ、スケジュールも事前審査を受けるものでしたが、実習よりもその感想文に苦しみました。感想文だからと軽い気持ちでいましたら、事前に目次つまり構成のチェックがあり、また指導教授との草稿のやり取りの繰り返し、しかも分量は修士論文と同じという。結局、半年遅れてしまったという訳です。

私の初めての出版物となるこの本のベースは、その感想文です。お四国での人々との出会いを綴りました。そしてバス遍路の皆さんにご説明している札所の案内をまとめました。本文と付き合わせて、ご覧いただければと思います。

ありがたいご縁をいただいて、師僧である砂原秀遍東寺長者より一文と題字を賜りました。また、大阪早稲田倶楽部の先輩方に大変お世話になりました。本文中の絵は、北原仁巳先輩が描き続けているものを使わせていただきました。出版にあたっては、「たる出版」の髙山惠太郎社長、揚野寛副社長の両先輩にご尽力いただきました。厚く御礼申し上げます。おわりに、つたない構成と文章に叱咤激励くださり、なんとか単位が取れるようご指導賜りました高野山大学山陰加春夫教授に、心より感謝申し上げます。

合掌

平成20年9月吉日

真言宗　奈良　唐古　常徳寺　住職

四国八十八ケ所霊場会　公認先達

田尾　秀寛

参考文献

『四国へんろ』　平幡良雄　満願寺出版部
『四国遍路』　辰濃和男　岩波新書
『空海密教と四国遍路』　大法輪閣編集部　大法輪閣
『遍路と巡礼の社会学』　佐藤久光　人文書院
『へんろ功徳記と巡拝習俗』　浅井證善　朱鷺書房
『お遍路を満願するための本』　ひろたみを　リヨン社
『還暦のにわかおへんろ』　原田伸夫　新風書房
『四国遍路ひとり歩き同行二人』　へんろみち保存協力会編
『東寺四国遍路札所案内』　真言宗総本山東寺
『先達教典』　四国八十八ケ所霊場会
『四国八十八ケ所めぐり』　昭文社

著者：田尾　秀寛（たお　しゅうかん）

真言宗　奈良　唐古　常徳寺（奈良県田原本町）住職
大阪早稲田倶楽部理事
昭和21年生まれ　香川県善通寺市出身
　40年　香川県立善通寺第一高等学校卒業
　44年　早稲田大学第一商学部卒業、広告会社・電通に入社。
平成11年　真言宗総本山教王護国寺（東寺）にて得度。
　15年　四国八十八ケ所霊場会公認先達に補任される。
　16年　電通を退職し高野山大学大学院　科目等履修生となる。
　17年　修士課程密教学専攻（通信課程）に入学、19年修了、四度加行を成満。
　20年　真言宗西院流能禅方傳法灌頂、東寺真言宗大僧都に補任される。

題字・前文：砂原　秀遍（すなはら　しゅうへん）

真言宗総本山　教王護国寺（東寺）第256世長者
東寺真言宗　第2世管長
全日展副理事長、日本書家連盟顧問、日本書道協会九段
大正14年　島根県隠岐出身
昭和12年　隠岐国分寺で得度、徳島県薬王寺で加行、結願。
　20年　中国戦線へ出征、21年帰還し、22年隠岐国分寺の住職となる。32年教王護国寺に入寺し、43年弘法大師御影堂檀行事、63年責任役員。
平成4年　代表役員（事務長）、16年長者に就任。

絵：北原　仁巳（きたはら　ひとみ）

産経学園講師　京都造形芸術大学非常勤講師
旧街道研究家　大阪早稲田倶楽部理事
昭和12年生まれ　香川県東かがわ市出身
　31年　香川県立三本松高校卒業
　36年　早稲田第一法学部卒業、久保田鉄工に入社。
　41年　大川バスに移る。平成14年　取締役大阪営業所長を退任。
平成16年　大峰山　竜泉寺「中先達」補任、17年四国八十八ヶ所霊場会公認先達、西国三十三所札所会公認先達に補任される。18年リーガロイヤルホテル（大阪）ギャラリーで「四国巡拝4回満願」個展、19年「街道と花」個展開催、20年「関西の大学キャンパス」個展を開催した。

お四国へんろ道のひとびと　よう、おまいり
二〇〇八年十月七日　初刷発行
二〇〇八年十一月七日　第二刷発行

著　者——田尾　秀寛

発行者——髙山恵太郎
発行所——たる出版株式会社
〒五四二-〇〇七六　大阪市中央区南久宝寺町四丁目五—十一—一〇〇二
電話　〇六—六二四四—一三三六(代表)
〒一〇四—〇〇六一　東京都中央区銀座二丁目十四—五　三光ビル
電話　〇三—三五四五—一一三五(代表)
E-mail　taru@ny.airnet.ne.jp

印刷・製本—株式会社小田

定価—本体一、五〇〇円+税
落丁、乱丁はお取り替えいたします。

ISBN978-4-924713-93-2 C0015